Brigitte Adriani / Ulrich Schwalb / Rainer Wetz

Hurra, ein Problem!

Brigitte Adriani / Ulrich Schwalb / Rainer Wetz

Hurra, ein Problem!

Kreative Lösungen im Team

GABLER

CIP-Titelaufnahme der Deutschen Bibliothek

Adriani, Brigitte:
Hurra, ein Problem! : Kreative Lösungen im Team /
Brigitte Adriani ; Ulrich Schwalb ; Rainer Wetz.
2., überarb. Aufl. – Wiesbaden : Gabler, 1995
  ISBN 3-409-23123-4
NE: Schwalb, Ulrich ; Wetz, Rainer:

1. Auflage 1989
Nachdruck 1990
2. Auflage 1995
Nachdruck 1997

Der Gabler Verlag ist ein Unternehmen der Bertelsmann Fachinformation.
© Betriebswirtschaftlicher Verlag Dr. Th. Gabler GmbH, Wiesbaden 1995
Lektorat: Ulrike M. Vetter

Höchste inhaltliche und technische Qualität unserer Produkte ist unser Ziel. Bei der Produktion und Verbreitung unserer Bücher wollen wir die Umwelt schonen: Dieses Buch ist auf säurefreiem und chlorfrei gebleichtem Papier gedruckt. Die Einschweißfolie besteht aus Polyäthylen und damit aus organischen Grundstoffen, die weder bei der Herstellung noch bei der Verbrennung Schadstoffe freisetzen.

http://www.gabler-online.de

Textgestaltung: Suzanne Legg, Köln
Illustrationen: Wierspecker GmbH Werbeagentur, Düsseldorf
Unschlaggestaltung: Schrimpf und Partner, Wiesbaden
Satz: ITS Text und Satz GmbH, Herford
Druck und Bindung: Wilhelm & Adam, Heusenstamm
Printed in Germany

ISBN 3-409-23123-4

Vorwort

In diesem Buch geht es um die Gestaltung Ihrer Zukunft und die Ihres Teams, Ihrer Arbeitsgruppe oder Ihrer Firma. Dabei geht es um etwas, was gemeinhin nicht als management-like gilt: Es geht um Probleme. Vor allem aber geht es darum, die Probleme zu transzendieren. Gewöhnlich konzentrieren wir uns auf das Problem, wenn wir es lösen wollen, und blockieren genau damit den kreativen Prozeß. Zur strukturierten Problemlösung gehört jedoch Kreativität.

Kreative Denkleistungen kommen aber durch das Loslösen vom Problem zustande. Fast alle Erfindungen in allen Bereichen lassen sich auf dieses Grundprinzip zurückführen: bisher nicht im Zusammenhang gesehene Muster werden miteinander verknüpft.

Kreative Fähigkeiten können sich bei vielen Menschen häufig nicht entfalten, weil sie durch Ausbildung, Erziehung und negative Erfahrungen mit der Umwelt systematisch blockiert worden sind beziehungsweise blockiert werden. Kreativität ist aber nicht einer kleinen Gruppe von begnadeten Genies vorbehalten, denen scheinbar alle Ideen nur so zufliegen – jeder Mensch verfügt über ein schöpferisches Potential. Oft ist es dem unmittelbaren Zugriff entzogen, aber es ist ebenso wie körperliche oder intellektuelle Fähigkeiten vorhanden und trainierbar. Genau das ist es, was Ihnen dieses Buch anbietet. Es bietet Ihnen, Ihrem Team, Ihrer Arbeitsgruppe oder Ihrer Firma an, Ihre Zukunft zu „erfinden".

Das IAK (Institut für Angewandte Kreativität) hat in langjähriger Zusammenarbeit mit Unternehmen erfolgreiche Wege, Methoden und Konzepte kreiert, die Ihnen hier von den Autoren dieses Buches – Trainern des IAK – mitgeteilt werden. Das Material in diesem Buch wird Sie eine neue Orientierung lehren. Anstatt Probleme zu lösen, werden Sie und Ihr Team Ziele, die Sie anstreben, lebendig verwirklichen.

Die Autoren

Inhalt

Prolog

Mythos Kreativität
oder: Vom göttlichen Funken

Wer ein zentrales Problem seines Kunden sichtbar besser löst als andere, kann seinen Erfolg nicht verhindern. Effektive Kundenorientierung definiert sich über die Spitzenleistung Ihres Unternehmens und diese wiederum über Ihren Mut, Ihren Weg zur Einmaligkeit. Nichts ist also nach wie vor so dringend nötig wie Innovationen. Hierzu sind die kreativen Kräfte auf allen Unternehmensebenen erforderlich. Kreativität ist die Fähigkeit, das Neue und Einmalige zu schaffen. Aber wie geht das?

Zauberstab Kreativität

Kaum ein Begriff ist so häufig zu lesen, kaum eine Qualität wird seit längerem mehr gefordert als Kreativität – ob in Interviews, einschlägigen Artikeln, Persönlichkeitsprofilen, Stellenangeboten oder gar in ganzen Unternehmensphilosophien. Und schließlich finanzieren alle Bundesbürger einen Innovations-Förderer von Profession, seit die Zigarettenindustrie ein Zukunftsministerium gesellschaftsfähig gemacht hat. – Einem Zauberstab gleich soll Kreativität den Schreckensbilanzen vergangener Jahre und den Schreckensprognosen zukünftiger Jahre Abhilfe schaffen.

Sieht man sich in der Literatur nach Definitionen für den Begriff Kreativität um, so wird immer an eine Fähigkeit gedacht, etwas „Neues" in die Welt setzen zu können, etwas „so noch nie Dagewesenes".

Genau ab hier müßte man sehr vorsichtig werden, besagt doch ein von alters her bekannter Satz: „Von nichts kommt nichts." – anders formuliert: Aus nichts kann nichts entstehen. Und das heißt: Das vermeintlich Neue, das gefordert ist, gerinnt unversehens zu nur noch neu Geordnetem, neu Arrangiertem, neu Strukturiertem usw. im Vergleich zum Alten. Und was ist dabei das Alte? Es ist alles das, was notwendigerweise bereits dagewesen sein muß, um aus ihm heraus „Neues" zu ersinnen, zu formen, herzustellen.

Mit anderen Worten: Das (geforderte) Neue kann eigentlich nur aus bereits Vorhandenem entstehen. Andernfalls müßte man ja behaupten, es könne wirklich etwas aus dem Nichts heraus geschaffen werden.

Also spätestens bei der Betrachtung von Kreativität entsprechend der ursprünglich lateinischen Wortherkunft, nämlich „erschaffen aus dem Nichts" (*creare*), wird klar, welch unerhörte Leistung hier eingefordert wird.

Von nichts kommt nichts – oder doch?

Handelt es sich bei Kreativität am Ende um eine Fähigkeit, die man dem Menschen überhaupt zutrauen kann? Eine vorläufige Antwort könnte sein:

Der Mensch kann nichts aus dem Nichts erschaffen, sondern kann immer nur vorhandenes Material umformen, bereits bekannte Formen umarrangieren. Um etwas Neues schaffen zu wollen, bedarf es nämlich einer Fähigkeit, die gewissermaßen aus dem lückenlosen Prozeß von Ursache und Wirkung auszusteigen ermöglicht. Denn jedes Ereignis ist ausnahmslos als Wirkung auf ein vorhergehendes Ereignis anzusehen.

Was also hier eingefordert wird, ist eigentlich nichts anderes als der göttliche Funke, die göttliche Inspiration, der geniale Wurf. Denn im Grunde genommen soll die Innovation aus dem Nichts kommen, spontan dem Wirken des Geistes entspringen, als gelte es, einen ganzen Kosmos aus dem Nichts zu heben.

Sollten wir daher bescheidener, menschlicher sein und von uns und unseren Mitarbeitern nur verlangen, vorhandene Materialien in neue Formen zu bringen, vorhandene Formen neu zu arrangieren? – Diese Version, dieses Verständnis des Neuen wäre nur scheinbar auf Normalmaß zurechtgestutzt. Auch hier bedeutete der „neue" Gegenstand, die „neue" Form, daß es sich gänzlich abhebt vom Alten. Beispiel: Das neue Modell des Automobilherstellers wird erst dann von Kritik und Käufer als neu angenommen, wenn es Merkmale aufweist, die wesentlich anders sind als die bereits vorhandenen.

Der Ursprung von Erfindungen ist der Geist

Nun kann man sich entscheiden, ob es sich „nur" um die Umstrukturierung, das Neuarrangement von Form und/oder Material handelte und man insofern menschlichem Erfindergeist im Grunde genommen nur zutraut, nach dem Kausalgesetz notwendigerweise in Ursache-Wirkungs-Zusammenhängen vorgehen zu können. Doch dann müßte jede Erfindung als zwangsläufiges Ereignis verstanden werden, das aus – im Prinzip unüberschaubar vielen – Informationsdaten hat hervorgehen müssen. Aber wer so denkt, würde behaupten, Otto, Daimler, die Gebrüder Wright, Edison, Watt usw. hätten im wesentlichen nur die Informationen ihrer Vorgänger neu verarbeitet. Und der Vorgänger, woher hat er seine Ideen bezogen? – Kurzum, die gestellte Frage würde immer nur vorläufig, eben nicht endgültig beantwortet, d.h., die Frage bliebe im Prinzip unbeantwortet.

Wer sich diese Enttäuschung ersparen will, der kann es damit versuchen, dem Menschen von Natur aus so etwas wie einen freien Geist, einen spontan wirkenden Intellekt, eine schöpferische Phantasie zuzutrauen. Und dies bedeutet: uneingeschränkt jedem Menschen. Auch wenn das beileibe nichts Neues ist, es hat dennoch wichtige Konsequenzen für das Verständnis vom Menschen und für unser Menschenbild. Es macht nämlich einen erheblichen Unterschied aus, ob man sein Gegenüber oder sich selbst im Prinzip als ein intelligentes Bedürfnisbündel betrachtet oder ob man von einer typisch menschlichen Fähigkeit überzeugt ist, mit deren Hilfe man sich prinzipiell außerhalb jedes kausalmechanischen Zusammenhangs stellen kann.

Kreativität braucht Gelassenheit und Teamgeist

Wie sollte eine geist- und kreativitätsfördernde Atmosphäre gestaltet sein? – Es sollte sich um eine Atmosphäre handeln, die frei von Hektik ist, von Streßfaktoren, von Unruhepotentialen und überflüssigem, da völlig sinnlosem äußeren Druck. Man muß, wenn man mit Kreativität Ernst machen will, eben jenen geistigen Freiraum erkennen und anerkennen, den ein freier Intellekt, ein kreativer Mensch braucht: Diesen Freiraum muß man schaffen.

Darüber hinaus gilt es, in spielerischer Konzentration und (geschulter) Teamfähigkeit abwarten zu können. Wie absurd ist die (Selbst-)

Aufforderung: „In einer halben Stunde ist, bitte schön, die neue Idee da, sonst ..."? Gerade weil es sich um ein geistiges, unstoffliches, immaterielles Phänomen handelt, ist es auch nicht in raum-zeitliche Dimensionen einbindbar. Wir können aber die hierzu notwendigen Bedingungen schaffen: in betriebsinternen oder -externen Vision-Circles, Kreativitätspools, Ideenschmieden usw. Die wirklich neue Idee resultiert sicher nicht automatisch – sozusagen per Knopfdruck – aus der Summe an Informationen, die verarbeitet werden. Denn der Kreierende selbst muß außerhalb des Informationszyklus stehen können. Das heißt: Er muß Dinge, deren Zusammenhänge und Abhängigkeiten „von oben" betrachten können. Aber die Bedingungen hierfür können wir schaffen. Eine der wichtigsten Voraussetzungen dürfte allerdings unsere Einstellung sein: Daß wir Menschen über jenes freie, geistige Moment verfügen, aufgrund dessen es überhaupt so etwas wie Kreativität, freies, gestalterisches, planendes Denken geben kann.

Teil I:

Vorbereitung

1 Wenn Sie ein Problem haben, freuen Sie sich!

Sie ahnen es: In diesem Buch geht es um etwas, das gemeinhin als nicht management-like gilt, das häufig lieber nicht wahrgenommen oder unter den Teppich gekehrt wird:

Es geht um Probleme.

Der vorliegende Problemlösungsprozeß wurde vom Institut für Angewandte Kreativität (IAK) entwickelt, das diesen Prozeß seit vielen Jahren als Seminartyp anbietet und mit Unternehmen durchführt. Alle Autoren sind Trainer des IAK.

Wir möchten Ihnen zunächst eine Geschichte erzählen, die Geschichte der beiden „Fälle" Dagobert und Nörgelmann.

Der Schimpanse Dagobert

Dagobert befand sich in einer üblen Situation, da er das Versuchstier des Verhaltensforschers Köhler war.

Köhler hatte folgende Versuchsanordnung hergestellt:

Dagobert sitzt in einem nach allen vier Seiten geschlossenen Käfig aus Gitterstäben. Er kann nur mit den Armen durch die Stäbe greifen. Im Käfig steht ein kleiner Baum, in dem Dagobert regelmäßig spielt. Vor seinem Käfig liegen Bananen, auf die er großen Appetit hat. Er hat seit zwei Tagen nichts mehr gefressen. Doch er kommt mit den Armen nur bis auf 20 Zentimeter an die Bananen heran. Er wählt folgende Problemlösungsstrategien:

1. Greift mit den Armen durchs Gitter: Arm zu kurz.
2. Läuft am Gitter auf und ab: Er kommt nicht durchs Gitter.
3. Klettert am Gitter hoch: Er kommt nicht übers Gitter.

Dagobert legt sich auf den Rücken und jault, da er keine Lösung findet. Er gibt die Problemlösung auf, nachdem er die Versuche eins bis drei mehrfach wiederholt hat.

Das Experiment mit einem Affen

Ergebnis:

Blockierte Situation = Hunger

Der Manager Nörgelmann

Manager Nörgelmann steht vor dem Problem, wie er seine Mitarbeiter besser kontrollieren kann. Er möchte ihr volles Leistungspotential dem Unternehmen zugänglich machen. Manager Nörgelmann geht davon aus, daß die Leistung und Einsatzbereitschaft seiner Mitarbeiter ständig kontrolliert werden müssen, da diese von Natur aus zur Faulheit neigen und nicht selbstverantwortlich handeln wollen.

Er wählt folgende Problemlösungsstrategien:

1. Nörgelmann macht Überraschungskontrollen, ob seine Mitarbeiter anwesend sind und was sie gerade arbeiten.

2. Nörgelmann läßt pünktliches Erscheinen auf einer Liste festhalten.

3. Nörgelmann kritisiert ständig die Fehlleistungen seiner Mitarbeiter, um sie zu korrigieren.

Ergebnis der Strategie:

Die Mitarbeiter fühlen sich persönlich diskriminiert und glauben festzustellen, daß ihr Chef Nörgelmann auch nicht viel arbeitet. Sie täuschen selbst viel Arbeit vor. Wenn eine Anordnung ihres Chefs Nörgelmann falsch war, lassen sie alles schiefgehen, ohne es zu korrigie-

Der Manager Nörgelmann

ren und eigenverantwortlich zu handeln. Die Mitarbeiter arbeiten tatsächlich weniger und schlechter als vorher.

Herr Nörgelmann sieht sich in seinem Urteil bestätigt, daß seine Mitarbeiter im Grunde faul und unfähig sind. Er zieht daraus den Schluß, in Zukunft noch viel mehr und perfekter die Verfahren 1, 2 und 3 durchzuführen.

Trotz vieler Aktivitäten wird das Problem nicht gelöst. Es scheint schließlich unlösbar. Ein Regelkreis von vielen Aktivitäten ohne Ergebnis.

Schimpanse Dagobert und Manager Nörgelmann unterscheiden sich nur durch ihren unterschiedlichen Haarwuchs. Ihr Problemlösungsverhalten ist identisch. Beide wissen nur eins: Sie müssen aus der Situation heraus. Was sie brauchen, ist Kreativität.

Am Anfang steht ein oft vages, unbestimmtes Gefühl.

Etwas „stimmt" nicht. Das Unbehagen, die unbefriedigende Situation „verschwindet" nicht.

Sei es, daß die Umsatzzahlen rückläufig sind, die Zahl der Krankmeldungen steigt, eine neue Produktionsidee fehlt – stets ist es ein Problem, das uns darauf aufmerksam macht, in diesem Bereich nachzuforschen, Bewegung in die Sache zu bringen, innovativ tätig zu werden.

Wenn Sie ein Problem haben – freuen Sie sich!

Wenn Sie ein Problem haben, freuen Sie sich!

Ein Problem ist eine Chance. Es ist der mögliche Beginn einer Veränderung.

Probleme werden immer von Menschen wahrgenommen, die alle eine individuelle Sichtweise haben. Diese Sichtweise ist weder falsch noch richtig; sie ist, wie sie ist!

Wenn in einer Automobilfabrik fast fertige PKW mit großem Getöse vom Band fallen, wird sich dem Produktionsleiter vermutlich der Magen umdrehen. Der zufällig anwesende Papuahäuptling wird vielleicht vom Lärm und den folgenden Aktionen begeistert sein.

Ein Problem bedeutet immer, mit einem Zustand unzufrieden zu sein. Bedürfnisse, Wünsche werden nicht erfüllt, ein Zielzustand wird nicht erreicht.

Vor der Erreichung des Ziels liegt ein Hindernis.

Ein Problem ist ein Hindernis, das eine Person oder eine Gruppe von Personen auf dem Weg zum Ziel als solches wahrnimmt.

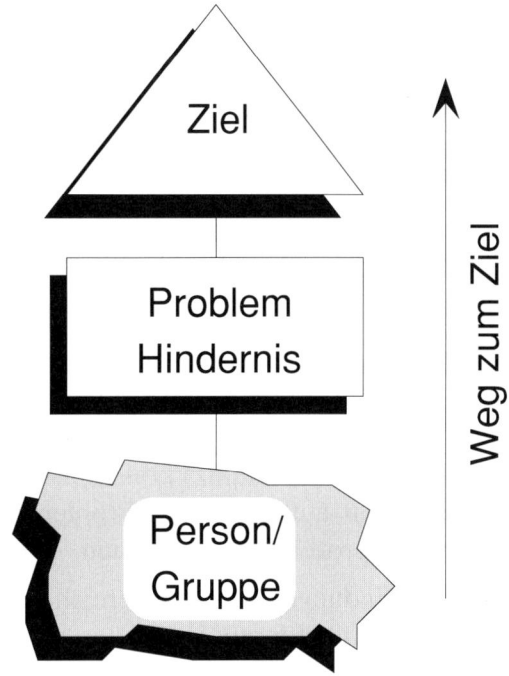

Abbildung 1: Der Weg zum Ziel

2 Was ist Kreativität?

Erinnern Sie sich an die beiden „Fälle" Dagobert und Nörgelmann? Sie haben ein Problem. Um es zu lösen, brauchen sie Kreativität. Automatenhaft haben beide bereits erworbenes Wissen, wie sie mit der Situation umgehen sollen, abgerufen und sich dadurch in eine blokkierte Situation hineinmanövriert.

Zur strukturierten Problemlösung gehört Kreativität.

Kreativität ist nicht einer kleinen Gruppe von begnadeten Genies vorbehalten, denen scheinbar alle Ideen nur so zufliegen.

Mitnichten: Jeder Mensch verfügt über ein schöpferisches Potential. Oft ist es dem unmittelbaren Zugriff entzogen, aber es ist ebenso wie körperliche und intellektuelle Fähigkeiten vorhanden und trainierbar. Für das Trainieren von Kreativität ergeben sich drei Ansatzpunkte:

1. Kreative Denkleistungen kommen unter anderem durch „Wegdenken", durch das Loslösen vom Problem zustande.

    Man löst das Problem, indem man sich vom Problem löst.

    Gewöhnlich konzentrieren wir uns auf das Problem, wenn wir es lösen wollen, und blockieren damit den kreativen Prozeß. In einer entspannten Situation (Yoga, autogenes Training, Meditationen, das Sitzen an einem ruhigen Platz) können Bewußtsein und Unterbewußtsein scheinbar außerhalb des Problems liegende Informationen in den Denkprozeß miteinbeziehen.

    Fast sämtliche Erfindungen in allen Bereichen lassen sich auf dieses Grundprinzip zurückführen:

    Bisher nicht im Zusammenhang gesehene Muster werden miteinander verknüpft.

    Der Tyrann von Syrakus hatte eine Goldkrone geschenkt bekommen. Archimedes bekam den Auftrag, die Echtheit der Goldkrone zu überprüfen.

    Das spezifische Gewicht war zur damaligen Zeit bereits bekannt. Das Problem bestand daher in der Bestimmung des Volumens des sehr unregelmäßigen Körpers der Krone.

    Archimedes beschäftigte sich lange mit dem Problem, ohne eine Lösung zu finden. Erst als er eines Tages in die Badewanne stieg, sah er, daß sich der Wasserspiegel hob, als sein eigener unregelmäßiger Körper eintauchte. Er hatte damit einen Weg gefunden, die Volumina unregelmäßiger Körper zu bestimmen.

    Sein Freudenschrei „Heureka" („Ich hab' es") ist heute noch in allen gängigen Physikbüchern nachzulesen.

Archimedes

Die Problemlösung bei Archimedes kam dadurch zustande, daß er Beobachtungen während des Badens auf das zu lösende Problem übertrug. Sicherlich hat Archimedes zum damaligen Zeitpunkt nicht zum erstenmal gebadet. Zum erstenmal hat er aber Baden in Verbindung gesetzt mit dem Problem „Messung des Volumens eines unregelmäßigen Körpers".

2. Kreative Denkleistungen setzen sich aus spezifischen Denkfähigkeiten zusammen. Es gibt kreativitätsspezifische Denkkategorien, bei denen man ansetzen kann, um eine Verbesserung der Nutzung des kreativen Potentials zu erreichen.

3. Kreativitätstechniken im engeren Sinne, die den Schwerpunkt unseres Problemlösungsmodells bilden, sind nichts weiter als der Versuch, den kreativen Prozeß zu simulieren. Es gibt bis heute über 40 Kreativitätstechniken, denen eine kleine Anzahl von Denkprinzipien zugrunde liegt.

Unter Punkt 1 ist der Begriff Entspannung bereits gefallen. Die Gehirnforschung hat ergeben, daß sich der Sitz kreativer Fähigkeiten in der rechten Gehirnhälfte befindet. Im Zustand der Entspannung ist sie am produktivsten. Jede Form von Streß und Anspannung blockiert unser Denken; deshalb sind alle Entspannungstechniken gleichzeitig Kreativitätstechniken.

„Die Phantasie ist bedeutender als das Wissen"
Albert Einstein

Können Sie sich dieser Meinung anschließen, dann sei an dieser Stelle folgender Hinweis erlaubt:

Beginnen Sie einfach mal, Ideen und Gedankenblitze, die Ihnen im Alltag zwischendurch kommen, auf kleine Zettel zu notieren, die Sie zu diesem Zweck auf Ihrem Schreibtisch bereitliegen haben. Alles unter dem Motto „... man könnte doch mal", „... haben wir denn schon mal probiert, xy zu machen" ist erlaubt – je verrückter die Ideen, um so besser. Wenn Sie die Zettel ab und zu zur Hand nehmen, werden Sie sich wundern, wie es aus Ihnen heraussprudelt.

Kreative Fähigkeiten können sich bei vielen Menschen häufig nicht entfalten, weil sie durch Ausbildung, Erziehung und negative Erfahrungen mit der Umwelt systematisch blockiert worden sind beziehungsweise blockiert werden.

Eine Übersicht über kreativitätsfördernde und kreativitätshemmende Faktoren bietet Abbildung 2 auf Seite 23.

Einflüsse, die unser kreatives Potential blockieren, führen zu der Einstellung, immer nur vermeintlich Sinnvolles von sich geben zu müssen. Folgende Aussagen sind symptomatisch für diesen Prozeß der Selbstzensur, der eintritt:

- „Ich kann mir nicht vorstellen, daß meine Idee neu ist."
- „Das ist gewiß nicht zu realisieren."

Dementsprechend werden dann auch die Aussagen anderer mit sogenannten Killerphrasen kommentiert:

- „Das haben wir noch nie so gemacht!"
- „Das ist politisch nicht machbar."
- „Jahrelange Erfahrungen beweisen das Gegenteil."
- „Viel zu teuer!"

Kreativitätsblockaden	
Impulse aus der Umwelt (Sozialer Druck)	Resultierende Verhaltensweisen, die das kreative Potential blockieren
Belohnung von Konformitätsverhalten in Ausbildungs- und Berufssituationen	Angst vor abweichendem Verhalten Angst, zur Minderheit zu gehören
Gehorsamkeitsanspruch von Eltern, Kirche und Vorgesetzten	Mangelnde Risikobereitschaft Mangelnde Motivation
Autoritäres Führungsverhalten	Passivität Mangelnder Mut zu Auseinandersetzungen Angst, Fehler zu machen
Überhäufung mit Routine- und Detailarbeiten	Angst, sich lächerlich zu machen
Forderung nach geschlechtsspezifischem Verhalten	Mangelnde Flexibilität
Betonung des Sicherheitsaspektes („keine Experimente")	Mangelnde Initiative Widerstand gegen Änderungen
Allwissenheitsanspruch des Experten	Verlaß und Vertrauen in das Wissen von Experten
Kreativitätsfördernde Eigenschaften und Verhaltensweisen	
Offene Haltung gegenüber der Umwelt Stark im Ertragen von Konflikten Problemsensibilität Flexibilität und Originalität Starke Erfolgsmotivierung Sozial abweichend	Vorliebe für neue und komplexe Probleme Ausdauerndes Arbeiten an Lösungen Anpassungsfähigkeit Initiative Vitalität Risikobereitschaft

Abbildung 2: Kreativitätsblockaden und Kreativitätsförderer

Dies sind Sätze, die in Gesprächssituationen eine Garantie dafür liefern, alle innovativen Ansätze im Keim zu ersticken. Solche Behauptungen mögen sich im nachhinein sogar als richtig erweisen. Für uns aber geben sie in erster Linie Aufschluß über eine negative Einstellung zum Problemlösungsprozeß sowie über eine eingeschränkte Fähigkeit, kreativ zu denken. Selbstzensur und Angst vor Sanktionen führen zu dürftigen Denkergebnissen. Solange Denker über Zwang, das heißt, über Streß zum Denken motiviert werden, brauchen die Ergebnisse niemanden zu verwundern.

- Blockiertes Denken bedeutet reflexhaftes Handeln.

- Blockiertes Denken bedeutet eine eingeschränkte Wahrnehmung für mögliche Lösungsalternativen.

- Blockiertes Denken beschränkt sich auf vorhandene Erfahrungsmuster, die lediglich automatenhaft abgerufen werden.

Das blockierte Denken

Neben den Erfahrungen mit der Umwelt sind es auch die Gesetzmäßigkeiten, nach denen unser Verstand arbeitet, die uns in blockierte Situationen hineinmanövrieren. Jeder Mensch wird im Laufe seiner Entwicklung ständig vor neue Probleme gestellt, die es zu lösen gilt. Wird ein Problem erfolgreich bewältigt, so wird dieselbe Lösungsstrategie auch bei später auftretenden, ähnlichen Problemen wieder angewendet. Man entwickelt so im Laufe seines Lebens ein bestimmtes

Repertoire an Problemlösungsritualen und reagiert auf bestimmte Informationen mit bestimmten Informationsverarbeitungsprozessen. Es bilden sich Muster, die bei häufigen Erfolgserlebnissen immer mehr gefestigt werden. Wenn sich aber Anforderungen verändern, neue Situationen entstehen, die mit den althergebrachten Reaktionsmustern nicht befriedigend geklärt werden, dann befindet man sich in einer Sackgasse. Es wird Zeit für etwas Neues!

Von den spezifischen Eigenschaften und Fähigkeiten, die den Prozeß unterstützen, Informationen aus unterschiedlichen Bereichen in anderen Zusammenhängen zu sehen und zu neuen Lösungskonzepten zu verarbeiten, sollen im folgenden einige näher beschrieben werden. Umfangreiche empirische Studien haben Hinweise auf die wesentlichen Leistungsdimensionen der Kreativität ergeben. Kreativität erfordert unter anderem:

Problemsensibilität

Sie bedeutet die Fähigkeit, Augenscheinlichkeiten und vermeintliche Selbstverständlichkeiten problemorientiert zu betrachten und Veränderungsmöglichkeiten zu sehen. Produktentwicklungen zum Beispiel sind meist das Ergebnis suggestiver Verbesserung bestimmter Teilfunktionen des Produktes, die bislang als unveränderlich galten.

Gedankliche Flexibilität

Darunter wird die Fähigkeit verstanden, nicht in festgefahrenen Kategorien zu denken, sondern mit Elementen und Konzepten zu spielen, unabhängig von stereotypen, nur erfahrungsorientierten Lösungsmustern. Dieses spielerische Umgehen mit Gedanken bedeutet Verzicht auf zu frühzeitige Bewertung von Lösungsansätzen. Denn die frühzeitige kritische Bewertung macht den Menschen unsicher, treibt ihn in die Defensive und beschränkt seine Wahrnehmung.

Offenheit für Erfahrungen

Dies meint das Gegenteil der oben beschriebenen Verteidigungsposition, die wir häufig zum eigenen Schutz aufbauen.

Nur durch eine offene Haltung gegenüber der Umwelt können die auftretenden Impulse und Reize ungehindert und ungefiltert durch Verteidigungsmechanismen aufgenommen und verarbeitet werden.

Starke Erfolgsmotivierung und Durchsetzungskraft

Darunter wird die Bereitschaft gefaßt, Konflikte zu ertragen, sich möglicherweise lächerlich zu machen und dem Druck des sozialen Systems zu widerstehen.

Problemsensibilität und Flexibilität sind unmittelbare Voraussetzungen für kreative Leistung.

„Ich weigere mich glatt, irgend etwas für unmöglich zu halten."
Henry Ford

3 Kreativität und ihre Bedeutung für Innovationsprozesse

Die Bedeutung von Kreativität für Innovationen ist heute unumstritten. Innovationsprozesse reduzieren die Autoren nicht auf die Entwicklung neuer Technologien. Neue Maßnahmen in der Personalführung, neue Organisationsstrukturen, Veränderungen des Führungsstils – all dies sind Beispiele für Innovationsprozesse.

Innovationen sind alle neuen umsetzbaren Ideen

Jedes Problem, jedes Unbehagen, das in der Luft liegt und Ihnen Anlaß zur Freude geben sollte, kann als Startsignal gesehen werden, um einen Innovationsprozeß einzuleiten.

Da wir gelernt haben, auf bekannt erscheinende Situationen so zu reagieren wie Dagobert und Nörgelmann, wir also bereits vorhandene Muster unser Handeln bestimmen lassen, wird in der Regel wenig Innovatives dabei herauskommen.

„Die Struktureigenschaften von Innovationsproblemen ziehen dem rein intelligenten Denken eindeutige Grenzen und setzen beim Problemlöser eine zusätzliche Fähigkeit voraus: Kreativität."
(aus: Helmut Schlicksupp, Ideenfindung, 1986, S. 19)

Nehmen wir ein kleines Beispiel, das Ihnen unmittelbar einleuchten wird:

Die neun Punkte sollen durch vier Geraden miteinander verbunden werden, die ohne abzusetzen gezogen werden müssen!

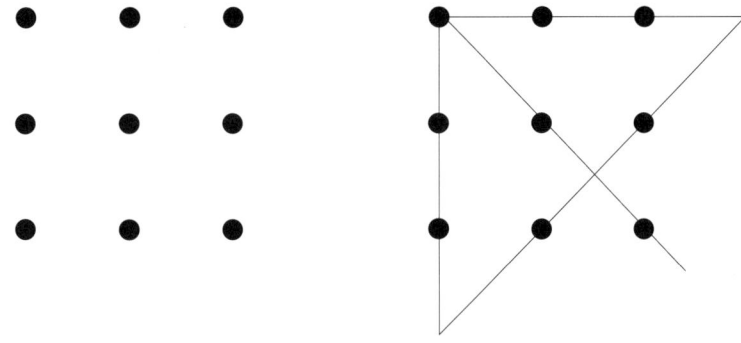

Abbildung 3: Neun Punkte

Vielfach wird angenommen, daß die Linien nicht über das Quadrat hinausgezogen werden dürfen. Bei dieser selbstauferlegten Begrenzung ist die Aufgabe jedoch nicht zu lösen!

Im Grunde haben Sie keine Veranlassung, diese Begrenzung vorzunehmen, jedoch: Ihre innere Kontrollinstanz wird Ihr Denken ständig auf Gewohntes und Bewährtes zurückziehen wollen. Der gewohnte, durch Erfolg abgesicherte Weg wird ungern zugunsten eines unsicheren, nicht vorhersehbaren Ergebnisses verlassen. Gerade dieses Verlassen ist auf Dauer für die Nutzbarmachung von Problemen und damit für Innovationen unumgänglich.

Verbinden Sie die Punkte...

Damit Probleme für Innovationen fruchtbar gemacht werden können, ist die Technik der strukturierten Problemlösung erforderlich. Der hier vorliegende Problemlösungsprozeß bietet Ihnen Kreativitäts- und Problemlösungstechniken, die Ihrem Team helfen, das vorhandene kreative Potential zu erkennen und zur Initiierung von Veränderungen einzusetzen. Hierzu gehören:

- Wissen um die Gesetzmäßigkeiten des Denkens
- Kenntnis der Techniken
- Erfahrung in den Anwendungsmöglichkeiten und Grenzen dieser Techniken

4 Das Team

Das Team wird immer mehr zum tragenden Organisationskonzept in den Unternehmen. Immer mehr Erfindungen und Entdeckungen werden von interdisziplinären wissenschaftlichen Teams erbracht, denn die Arbeit in der Gruppe ist der beste Weg zu kreativen Leistungen. In Zukunft wird diese Arbeitsform entscheidend bestimmen, ob und inwieweit Unternehmen und öffentliche Verwaltungen überlebensfähig, fortschrittlich und leistungsfähig sind. Wo das Team als dominierende Arbeitsform nicht realisiert und·praktiziert wird, treten in Organisationen jeder Art folgende Mängel auf:

- Fehlentscheidungen
- Fehlentwicklungen von Projekten
- Planungsrisiken
- Unausgetragene Konflikte
- Unzufriedene Mitarbeiter
- Innere Kündigung
- Rivalitäts- und Statuskämpfe

In der Teamarbeit liegt die Chance für jedes einzelne Gruppenmitglied darin, daß man sich gegenseitig befruchten kann und unterschiedliche Erfahrungs- und Wissenshintergründe aufeinandertreffen, was die Produktivität der Arbeit steigert.

Im Team kann unter bestimmten Voraussetzungen die Gesamtleistung mehr sein als die Summe der Einzelleistungen (synergetischer Effekt). Es ist um so wahrscheinlicher, daß innovative Ideen entwickelt werden, je heterogener das Erfahrungspotential und die Denkansätze der Teammitglieder sind. Denkblockaden entstehen leider sehr häufig gerade in einer spezialisierten Expertengruppe. Wie oft sieht gerade der einzelne den Wald vor lauter Bäumen nicht!

Man steht vor scheinbar unlösbaren Fragen, deren Hintergründe im heterogen zusammengesetzten Team leichter erkannt und gelöst werden können.

Zudem liegt auf der Hand, daß komplexe Probleme nur von Experten verschiedener Fachdisziplinen gemeinsam gelöst werden können, ganz gleich, ob es sich um die Entwicklung neuer Produkte und Ver-

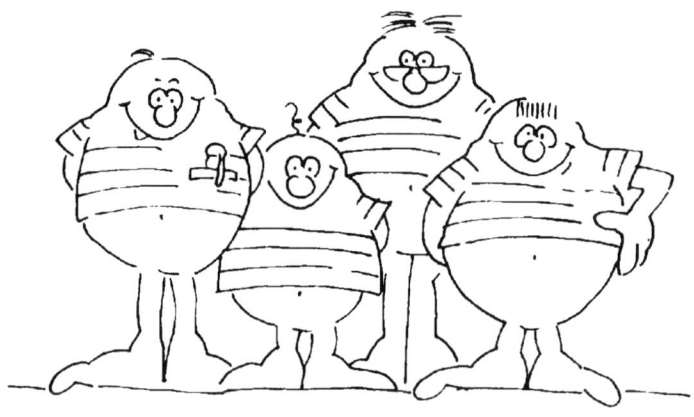

Das heterogene Team

fahren, um Werbe- und Marketingkonzepte oder neue Organisations-
formen handelt. Ohne Kommunikation und Koordination funktioniert es nicht, denn dann sieht die Situation wie folgt aus:

Jeder Experte macht aus seiner Sicht einen Vorschlag zu einem Problem. Er gibt für sein Fachgebiet ein Gutachten oder eine Stellungnahme ab, ohne die übrigen Aspekte zu berücksichtigen. Sein Papier
wandert über die Schreibtische aller übrigen betroffenen Vorgesetz-
ten und Experten einer Organisation mit der Bitte um Stellungnahme.
Bei der ersten Konferenz zu diesem Problem stellt man fest, daß noch
zusätzliche Informationen beschafft werden müssen. Man beauftragt
einen Ausschuß. Die Experten bitten wiederum andere um eine Stellungnahme, bis die nächste Konferenz einberufen wird ... Der Kreis
schließt sich.

Zu dieser unergiebigen Arbeitsform bietet das Team eine Alternative,
der sich die meisten Unternehmen heute bewußt sind. Eine Alternative ist es jedoch nur dann, wenn es funktioniert, wenn Dominanzstre-
ben und Unsicherheit abgebaut werden. Dazu sollen im Problemlösungsprozeß unter anderem die Spielregeln dienen, die vom Teammoderator zu Beginn der jeweiligen Phase erläutert werden.

Das immerwährende Papier

Ausgangspunkt des Modells ist die Überzeugung der Autoren, daß kreative Lösungen im Team gesucht und gefunden werden und Entscheidungen von der Gruppe getragen werden müssen, um effektiv zu arbeiten.

5 Entspannungstechniken

Wir haben bereits darauf hingewiesen, wie wichtig der Zustand der Entspannung ist, um Zugang zu unserem Ideenpotential zu gewinnen. Entspannungstechniken sind nicht nur für kreative Prozesse ein notwendiges Vehikel, sondern steigern generell das allgemeine Wohlbefinden. Entspannung ist das Gegenteil von Anspannung. So lapidar sich das anhört, ist es doch wichtig zu sehen, daß der Körper auf Daueranspannung – abhängig von der jeweiligen Gesundheitskondition – mit psychosomatischen Krankheiten (Kopfschmerzen, Schlafstörungen, Magengeschwüren et cetera) reagiert.

Auch die klassische Schulmedizin geht immer häufiger davon aus, daß ein großer Teil der Zivilisations-, speziell der Managerkrankheiten, auf das dysfunktionale Umgehen mit Streß und Anspannung zurückzuführen ist.

Engagement und Erfolg im Beruf sind auf Dauer nur möglich, wenn man regelmäßig zur Entspannung fähig ist.

Wenn Anspannung und Entspannung in einem natürlichen Gleichgewicht sind, das heißt aufeinanderfolgen, dann erwächst daraus körperliche und geistige Ausgeglichenheit.

Darum wollen wir Ihnen im Vorfeld drei Methoden der Tiefenentspannung vorstellen.

Tiefenentspannungstechniken (Meditation)

- Meditation ist ein Bewußtseinszustand, in dem man zugleich wach ist und ohne Gedanken. Es ist ein Zustand der tiefstmöglichen Entspannung.

- Meditation ist ein wirksamer Weg, sich von den täglichen Anspannungen zu entlasten,

und

- Meditation ist ein wirksamer Weg, mit größerer Ausgeglichenheit und Angstfreiheit an Situationen heranzugehen.
- Meditation und Entspannung stellen sich ein durch ein Beobachten aller Gedanken, Gefühle, Wahrnehmungen während der jeweiligen Übung.

Gelenkte Körperreise mit Kassette

Durch spezielle Musik und eine gelenkte Entspannungsreise durch den Körper werden nach und nach Gedanken abgeschaltet, so daß sich automatisch tiefe Entspannung einstellt.

Für die Mehrzahl der Menschen ist das der einfachste Weg mit den schnellsten Erfolgserlebnissen, insbesondere bei regelmäßiger Übung. Diese Technik erlaubt völlige Passivität.

Der Wortweg

Diese Technik erfordert mehr persönliche Aufmerksamkeit als die Körperreise.

Durch gedankliche Wiederholung eines Wortes wird erreicht, daß der permanente Strom von Gedanken, der innere Dialog, zeitweise abgestellt wird und dadurch fast beiläufig tiefe Entspannung entsteht.

Diese Technik ist eine gute Ergänzung zur Körperreise, da sie unabhängig von äußeren Bedingungen ist (Recorder, Alleinsein im Raum). Außerdem kann man selbst die Dauer der Übung bestimmen. Je mehr man mit dieser Technik vertraut ist, desto leichter ist sie in jeder beliebigen Situation anwendbar (Büro, Flugzeug, Bahn, Wartezeiten et cetera).

Der Atemweg

Indem man sich während der Übung auf den natürlichen Rhythmus des Einatmens und Ausatmens konzentriert, wird eine Entspannungswirkung erzielt.

Bei dieser Übung gilt das gleiche wie für die Übung „Wortweg". Einige Regeln gelten für alle drei Methoden:

- Sorgen Sie dafür, daß Sie während der Übung nicht angesprochen werden.

- Der beste Zeitpunkt für die Übungen ist vor den Mahlzeiten. Warten Sie nach den Mahlzeiten eine Stunde, bevor Sie mit der Übung beginnen.

- Planen Sie die Übungszeit fest in den täglichen Lebensrhythmus ein – machen Sie kein Problem daraus, wenn Sie den Plan nicht einhalten.

- Denken Sie immer daran, daß alles, was während der Übung erlebt wird, zum Beispiel: endlose Selbstgespräche, verschiedene Körperreaktionen, genau richtig ist.

Die Meditation

- Es ist Ihre Form, wie Sie sich in diesem Augenblick entspannen können.
- Unruhe während der Übung ist kein Beweis, daß die Übung für Sie nicht funktioniert, sondern gerade, daß Sie sich von der Unruhe entlasten.

Wichtig: Take it easy, but take it.

6 Fünf entscheidende Fragen im Vorfeld

Bevor Sie in den Prozeß einsteigen, sollten Sie sich folgende Fragen beantworten:

- Liegt die Lösung des Problems in Ihrer Einflußsphäre?
- Betrifft Sie das Problem?
- Haben Sie die Chance, die Mittel zu erhalten, die zur Problemlösung notwendig sind?
- Ist das Problem erstrangig?
- Befriedigt die Lösung des Problems bei Ihnen oder in Ihrem Umfeld irgendwelche Bedürfnisse?

Wenn Sie nur eine Frage mit *nein* beantworten müssen, sollte der Problemlösungsprozeß gar nicht erst begonnen werden.

Teil II

Der Prozeß

1 Das Problemlösungsmodell

Je nach Komplexität des Problems, der zur Verfügung stehenden Zeit und der Funktionsfähigkeit des Teams kann das Problemlösungsmodell unterschiedlich ausgeprägt sein. Einzelne Phasen können mehrmals durchlaufen werden, um eine möglichst hohe Ergiebigkeit zu erzielen oder unterschiedliche Aspekte eines Problems zu entwickeln. Ferner bieten die individuellen Phasen verschiedene Techniken an, die variiert werden können.

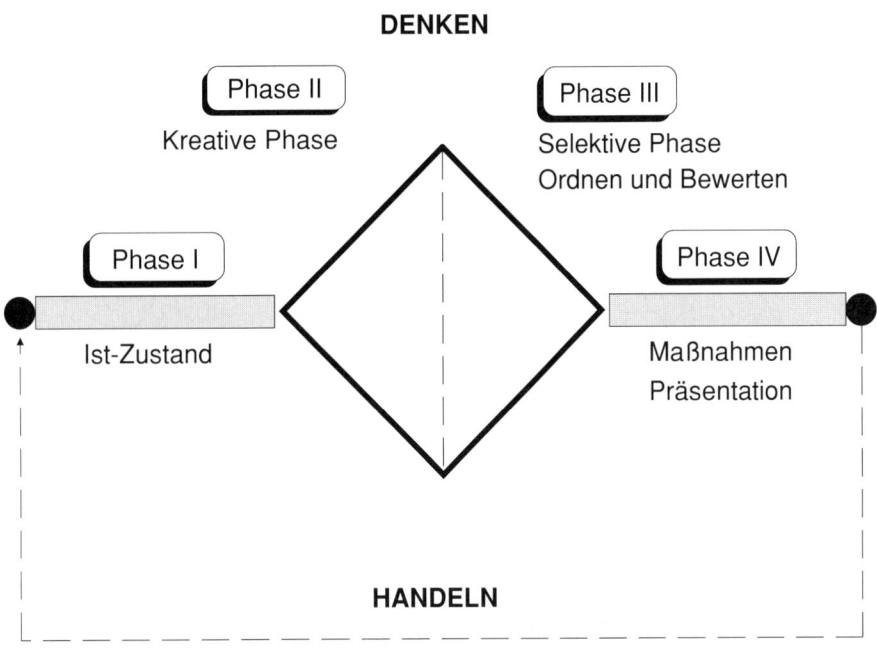

Abbildung 4: Das Problemlösungsmodell

Zu Beginn des Prozesses wird der Ablaufplan verabschiedet. Die Aufgaben der am Prozeß Beteiligten werden erläutert.

Eine besondere Rolle kommt dabei dem Teammoderator (TM) zu, der die Gruppe durch den Prozeß führt. Folgende Punkte, die in der Vorstellung der einzelnen Phasen von uns auch noch einmal angesprochen werden, sind in bezug auf den TM unbedingt zu beachten:

39

Der Teammoderator

- sorgt dafür, daß die Problemstellung von allen verstanden wird;
- verhindert die sofortige *Bewertung* von Ideen;
- fördert die Bereitschaft der Gruppe, einander zuzuhören;
- stellt für die Ideenproduktion stimulierende Fragen;
- ist verantwortlich für die Visualisierung aller in der Gruppe geäußerten Ideen;
- vermeidet eigene Vorschläge;
- unterbindet das Dominanz- und Profilierungsstreben einzelner Gruppenmitglieder.

Die Gruppe und der Teammoderator

Der TM kann zu Anfang des Prozesses seine eigene Funktion zum Beispiel so formulieren:

„Ich als TM verstehe mich als derjenige, der Ihnen Hilfestellung gibt, um möglichst viele Beiträge zur Problemlösung zu bringen. Ich selbst werde mich inhaltlich aus der Problemlösung heraushalten. Meine

Funktion besteht darin, durch den Problemlösungsprozeß zu führen und Ihre Vorschläge zu notieren. Sie als Gruppe bitte ich, möglichst viele Ideen zu produzieren."

Lösungsvorschläge sollten vom TM als Ideenstimulanz für die Gruppe eingesetzt werden. Sobald der TM zu viele eigene Ideen produziert, kann er die neutrale Servicefunktion für die Gruppe nicht mehr übernehmen. Er sollte dann vielmehr die Rolle eines produktiven Teammitgliedes spielen, das ungestört produzieren kann.

Ist ein Team eingearbeitet in solche Abläufe, so kann jedes Gruppenmitglied die TM-Funktion übernehmen.

Also: Wenn es Ihnen als Teammoderator mit einer eigenen Idee „unter den Nägeln" brennt, geben Sie diese Rolle kurzfristig an ein anderes Gruppenmitglied ab.

Der Teammoderator erläutert vor Beginn einer neuen Phase des Problemlösungsprozesses, wie die Phase im einzelnen aussieht und welche Spielregeln dabei beachtet werden.

Bevor Sie in die erste Phase einsteigen, sollten folgende technische Voraussetzungen geklärt sein:

- Der Raum muß ausreichend Visualisierungsflächen bieten (Tafeln, Flip-charts, Stellwände).
- Sie benötigen ausreichend Materialien: große Papierbögen, Filzstifte, Klebepunkte et cetera.
- Störungen durch Telefonate, Besucher oder Lärm von außen sind zu vermeiden.
- Garantieren Sie die Möglichkeit des schnellen Zugriffs zu Informationen, die für die Problemlösung benötigt werden.

Deskriptive Phase

Die erste Phase des Problemlösungsprozesses dient der Feststellung des IST-Zustandes. Das Problem wird dargestellt und erklärt, unter Umständen muß erst einmal eine konsensfähige Problemstellung gefunden werden.

Daten und Informationen, die die Ausgangssituation beschreiben, werden in dieser Phase gesammelt. Die Gruppenmitglieder müssen Gelegenheit haben, das Problem durch Fragen für sich transparent zu machen.

Die im folgenden beschriebenen drei Techniken der Problemklärung erheben keinen Anspruch auf Vollständigkeit, und die Problemlösungstechniken können für jede Phase des Prozesses modifiziert werden.

Die Entscheidung, welche der drei Möglichkeiten die effektivste sein wird, ist abhängig von der Gestalt des zu bearbeitenden Problems, von der Zusammensetzung der Gruppe sowie von der zur Verfügung stehenden Zeit.

Generelle Spielregeln

- Für die erste Phase sollten circa zehn Prozent der insgesamt veranschlagten Zeit eingeplant werden.

- In der ersten Phase besteht die Gefahr von Expertendominanz und damit die Gefahr, daß diese Experten mögliche Restriktionen formulieren. Der TM hat dem entgegenzuwirken. Restriktionen seitens der Experten sollten zumindest in Frage gestellt werden dürfen.

- Die Versuchung, die erste Phase auszudehnen, ist sehr groß, denn hier bewegt man sich noch auf „sicherem Terrain". Ausgedehnte Diskussionen sollten gebremst werden.

- Phase I ist zu beenden, wenn Fragen auftauchen, die entweder bereits Lösungsvorschläge beinhalten („Ist es möglich, daß ...?"/ „Hier könnten wir doch ...") oder Fragen, die sich bereits auf die Klärung von Beurteilungskriterien beziehen („Wieviel darf das neue Produkt maximal kosten?"/„Wieviel Zeit haben wir dafür?").

Solche Fragen treten immer erst dann auf, wenn ein vertieftes Problemverständnis bereits erreicht ist.

Grundidee also: Die Phase I lieber kürzer als länger gestalten.

Die Phase I sollte gekürzt werden

Techniken

Für die Problemklärung sind alle analytischen und beschreibenden Methoden hilfreich und einsetzbar, wie zum Beispiel

- Diagramme
- Funktionen
- Schwachstellenanalyse
- Untersuchungsergebnisse
- Matrizen
- Netzpläne/Übersichten/Tabellen

Die drei Techniken, die Ihnen im folgenden vorgestellt werden, lassen sich individuell oder kombiniert anwenden.

Gemeinsames Sammeln von Problemaspekten

Hier ist die Problemstellung vorgegeben. Alle in der Gruppe verstehen sich als Experten mit unterschiedlichem Informationsstand. Die Fragestellung wird wieder visualisiert, die Gruppe sammelt gemeinsame Problemaspekte, die Fragestellungen werden ohne Wertung angeschrieben. Eventuell werden anschließend die Fragen oder Aspekte mit Punkten gewichtet.

Beispiel:

- Es sind verschiedene Abteilungen im Team vertreten, zum Beispiel Forschung und Entwicklung, Marketing und Vertrieb. Der Teammoderator befragt alle drei Abteilungen zu ihrer Sicht des Problems.

- Im Team sind verschiedene Berufsgruppen, zum Beispiel Chemiker, Physiker und Biologen, vertreten. Thema ist der Einsatz von Computern in der Pharmaforschung. Jede Gruppe formuliert zunächst getrennt ihre Anforderungen an Computer.

Der Teammoderator koordiniert und vertieft die Gruppe zu einem gemeinsamen Problemverständnis.

Problemklärung durch Expertenbefragung

Die Problemstellung ist für alle klar, man braucht sich nicht darüber zu verständigen. Sie wird für alle sichtbar visualisiert. Einer der anwesenden Experten präsentiert das Problem.

Anschließend befragt die Gruppe den Experten solange, bis die Situation von allen verstanden worden ist.

Wichtig: Die Fragestellungen sollten analytischer Art sein, das heißt, mit *WIE / WANN / WO / WARUM?* eingeleitet werden.

Beispiel: Eine Abteilung „Werbegeschenke Neuheiten" hat die Frage: Wie können wir neue Werbegeschenke finden?

Der Chef der Abteilung fungiert als Experte und erläutert, daß die Vertreter der Firma als Aufhänger für Kundengespräche eine Neuheit benötigen. Zielgruppe für diese Werbegeschenke sind Menschen, die im Büro tätig sind.

Das außergewöhnliche Werbegeschenk

Problemszenario

In diesem Fall muß die Problemstellung erst noch gefunden werden. Diffuse Eindrücke schweben im Raum, zum Beispiel dergestalt:

- In unserer Produktpalette ist irgendwie der Wurm drin.
- Wir müssen etwas an unserem Führungsstil ändern.
- Wie kommen wir auf dem Markt besser zurecht?

Im Problemszenario werden auf Kärtchen von unterschiedlicher Farbe positive und negative Aspekte, Statements und Fragen zu einem Problem individuell produziert (Minimum: fünf Aspekte zu einem Problem).

... in unserer Produktionspalette ist der Wurm

Es werden zwei Redaktionsausschüsse gebildet (zwei bis drei Personen). Sie sammeln die positiven und negativen Aspekte getrennt. Es werden Überschriften gesucht. Die Diskussionen über die „treffendste" Überschrift wird vom TM unterstützt, weil darüber eine inhaltliche, sachorientierte Debatte ermöglicht wird.

Nun gilt es, die Schwächen/Probleme abzubauen. Das erarbeitete Positivszenario dient dabei als Ansporn und Anregung, auch weiter an den positiven Aspekten zu arbeiten.

2 Kreative Phase – Verrücktsein ist erwünscht

Die kreative Phase ist die Phase der ersten Ideenproduktion. Sie ist entschieden von der dritten Phase, in der selektiert und bewertet wird, zu trennen. Diese klare Trennung ist für den Denkprozeß wichtig, weil die Anforderungen beider Phasen überwiegend jeweils von einer anderen Gehirnhälfte bewältigt werden.

Blockaden beim Denkprozeß können aufgrund von Streß entstehen (Synapsen-Blockade) oder weil sich beide Gehirnhälften in ihren Aktivitäten gegenseitig blockieren.

Kreative Denktechniken zielen darauf ab, neue Denkmuster zu bilden sowie bestehende Denkmuster zu erkennen und umzustrukturieren. Es hat sich gezeigt, daß hierbei die *Sprache* als einzige Ausdrucksform ein notwendiger Behelf ist, gleichzeitig aber eine Behinderung des kreativen Flusses darstellt, denn:

Worte, Sätze und Aussagen sind strukturierte, festgefügte Gedanken, die unseren Vorstellungen und Bildern Ausdruck verleihen. Die Sprache ist somit ein System von Mustern, und wie Sie wissen, sind Muster wenig flexibel. Sprachlich-begriffliches Denken ist durch zunehmendes Abstraktionsvermögen entstanden. Dagegen ist nichts einzuwenden, solange es die schöpferische Tätigkeit nicht einschränkt.

Um aber diese Einschränkungen zu vermeiden, sind während der schöpferischen Phase des Problemlösungsprozesses andere Denkkategorien erforderlich, die auf bildhaftem Denken basieren. Diese wollen wir Ihnen im folgenden vorstellen.

Generelle Spielregeln

- Trennen Sie die Phase der Ideenproduktion von der Phase der Bewertung.
- Für die zweite Phase sollten etwa 40 Prozent der Gesamtzeit zur Verfügung gestellt werden.
- Nutzen Sie die Anwesenheit von Gruppenmitgliedern aus unterschiedlichen Bereichen (synergetischer Effekt).
- Für eine Kreativ-Session reichen sechs bis acht Mitarbeiter.
- Alle Ideen sollten so konkret wie möglich formuliert werden.
- Die Ideen der anderen sind Denkanstöße, die aufgegriffen werden sollten, gerade wenn sie neu und außergewöhnlich sind.

- Äußern Sie in dieser Phase keine Kritik, selbst wenn Sie sich „im Recht" glauben.

- Menge geht vor Güte

Gerade die letzte Regel – Quantität vor Qualität – ist von enormer Bedeutung. Sie bezieht sich auf die biologische Grundlage der Aktivitäten beider Gehirnhälften und ist rein zeitlich gemeint. Werden Sie nicht ungeduldig, die Auswahl folgt zu einem anderen Zeitpunkt. Unsere Erfahrung zeigt, daß die Verinnerlichung dieser Regel „Menge vor Güte" die Gefahren der Selbstzensur reduziert.

Techniken

Das Prinzip der Assoziation

Die freie Assoziation ist eine erste Kreativitätstechnik. Sie ist der Überbegriff für bekannte Einzeltechniken wie Brainstorming, Brainpool et cetera.

Die Assoziation

Wer sich mit einem Problem auseinandersetzt, aktiviert im Gehirn Muster, die sich in Lösungsvorschlägen niederschlagen. Meist sind diese Muster zunächst erfahrungsorientiert und schon bekannte Lösungsalternativen. Durch die freie Assoziation in der Gruppe oder in der individuellen Arbeit ergibt sich ein entscheidender Vorteil. Vielerlei Assoziationsketten unterschiedlicher Denkrichtungen und/oder unterschiedlicher Teammitglieder werden miteinander konfrontiert. Daraus ergibt sich die Chance, daß sich durch Überschneidung unterschiedlicher Muster neue Ideen entwickeln.

Im Extremfall: Ein Team kann ausschließlich aus Dagoberts und Nörgelmanns bestehen, aber dennoch kreative Leistungen erbringen. Alleine ergibt sich zwar für alle Beteiligten die blockierte Situation, doch in der Gruppe wird eine kreative Lösung durch die Überlagerung unterschiedlicher Denkmuster gefunden. Untaugliche Muster werden durch Kombination und Neuordnung auf einer höheren Ebene zu einem originellen Lösungsansatz verarbeitet. Natürlich nur, wenn die Spielregeln von allen Beteiligten beachtet werden.

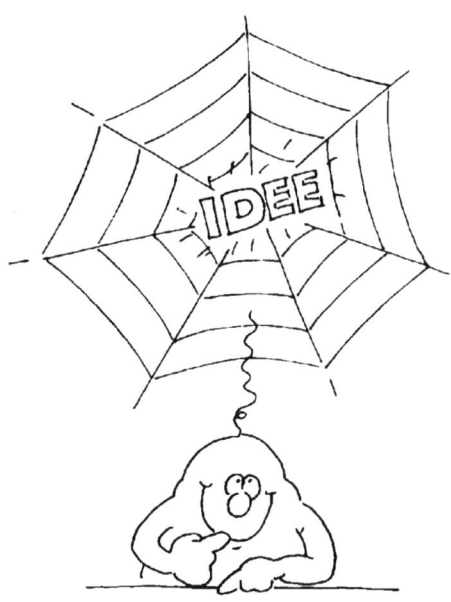

Spinnen Sie!

Erst durch die spätere Verarbeitung der Muster sind wirklich neue und nicht nur „ein bißchen neue" Lösungen zu erwarten. Mithin fordere man seine Partner geradezu zum „Spinnen" heraus – was aber nur funktioniert, wenn Sie sich an diese beiden Regeln erinnern:

- Quantität der Ideen geht vor Qualität.
- Jegliche Kritik ist verboten, und das wird vom Moderator auch eisern durchgesetzt.

Für die Anwendung des Assoziationsprinzips gibt es eine nahezu unbegrenzte Anzahl von konkreten Ausprägungsformen:

- Sie können es im Team oder genauso gut alleine anwenden.
- Sie können es mündlich oder schriftlich machen.
- Sie können es auch in sehr großen Gruppen anwenden (z.B. über die Methode 66, bei der Sie die Großgruppe in Sechsergruppen aufteilen, sie sechs Minuten arbeiten lassen und über Gruppensprecher die Ergebnisse wieder zurückspielen).
- Sie können es in Phasen aufteilen (destruktives, konstruktives Brainstorming), das heißt zunächst Negativpunkte listen und dann Verbesserungen produzieren.
- Sie können das Team zeitlich und örtlich trennen und später das Material zusammenfassen.
- Sie können all die oben genannten Punkte wieder untereinander kombinieren.
- Sie können sich neue Ausprägungsformen einfallen lassen.

Spontane Lösungsansätze

Die Assoziationstechnik hat eine große Anzahl von unterschiedlichen Ausprägungen. Eine davon ist das Entwickeln spontaner Lösungsansätze.

Durch Zurufen werden diese gesammelt und visualisiert. Die Gruppengröße beträgt vier bis acht Personen, zeitlich veranschlagt man 5 bis 30 Minuten, je nach Komplexität des Problems und Gesamtzeit.

Der Teammoderator unterbindet verbale und mimische Kritik und achtet darauf, den Prozeß in Gang zu halten und alle Teilnehmer zu Wort kommen zu lassen. Dabei können ihm folgende Formulierungen helfen:

- Bitte verlieren Sie die Problemstellung nicht aus den Augen.
- Vielleicht produzieren wir auch mal einige verrückte Ideen.
- Wir haben schon eine Menge Alternativen gesammelt. Können wir daraus noch mehr machen?
- Wie könnte dieser Ansatz konkreter werden?
- Bevor wir in die nächste Phase übergehen, machen wir diese Seite noch voll.
- Wir sollten uns noch einmal mit diesem Gedanken beschäftigen.
- Das ist sehr interessant, darüber sollten wir noch weiter nachdenken.
- Ich finde es gut, daß Sie schon so häufig auf die Gedanken anderer eingegangen sind.
- Was können wir aus dieser Idee noch weiter machen?

Werden keine weiteren Ideen mehr produziert, das Problem immer wieder vorlesen.

Beispiel:

1. Welche Möglichkeiten haben wir, unserem Bereich ein eigenständiges Image zu verschaffen?

    - Definiert wird, was zum Aufbau eines Images gehört (Experte, zum Beispiel aus der Zentralen Werbeabteilung).
    - Klärung der Position dieses Bereiches innerhalb des Unternehmens.
    - Auflistung der Imageträger.

2. Wie können wir für unseren Bereich ein eigenes Image aufbauen?

Spontane Lösungsansätze:

- Die besondere intensive Kundenberatung drückt sich auch im Namen des Bereichs aus.

- Die weltweite Verbreitung unserer Produkte drückt sich in einem zusätzlichen Logo aus.

- Im Innendienst wird eine „Inner-Relation"-Kampagne gestartet.

Brainpool

Eine weitere Assoziationstechnik ist der Brainpool.

Statt durch Zurufen werden die spontanen Lösungsansätze nonverbal gesammelt, und zwar im sogenannten Brainpool (Abbildung 5).

Diese Technik hat, da sie schriftlich und ohne Namensangabe durchgeführt wird, den Vorteil, daß die Teilnehmer einer Gruppe keine Angst haben müssen, mit ihrer Idee irgendwo „anzuecken". Furcht vor Imageverlust und vor Kritik sind weitgehend ausgeschaltet.

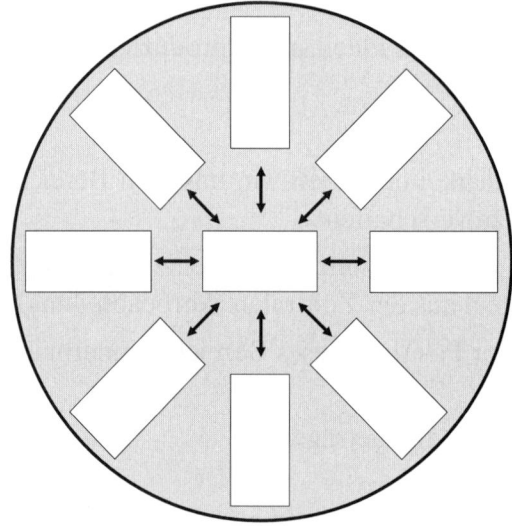

Abbildung 5: Brainpool

Beim Brainpool schreiben alle Teammitglieder ihre Lösungsansätze individuell auf ein Blatt Papier. Alle Personen machen das gleichzeitig, die Sitzung verläuft ohne Diskussionen. Sobald jemand mit der spontanen Ideenproduktion fertig ist, legt er sein Blatt in die Mitte des Gruppentisches. Ein anderes Teammitglied nimmt nun das Blatt und legt sein eigenes in die Mitte. Beim Durchlesen der Ideen eines anderen werden wiederum neue Einfälle produziert, weil man neue Anregungen bekommen hat.

Durch diesen Austausch werden die Ideen anderer ständig weiterverfolgt.

Beispiel: Wie gewinnen wir neue Kunden?

Blatt A: Anzeigenkampagne
Haushalte anschreiben
Vertreter in Haushalte schicken
Fragebogenaktion

Blatt B: Vertreter kostümiert sich
Verschenkgutschein bei Beantwortung eines Fragebogens
Auto als Werbeträger

Blatt C: Prominenten als Werbeträger gewinnen
Verschenkgutschein plus persönliche Beratung in einer der Filialen
Neues Produkt
Fahrrad als Werbeträger kombiniert mit Image der Umweltfreundlichkeit
et cetera

Eine weitere Technik der Assoziation ist etwa die *Methode 635*, eine Modifikation des Brainpools. *Sechs* Teilnehmer tragen *drei* Ideen in *fünf* Minuten auf ein Blatt ein, danach wird es weitergegeben. Das Verfahren ist beendet, wenn jeder Teilnehmer jedes Formular bearbeitet hat.

In der *Collective-Notebook-Methode (CNB)* bekommen alle Teilnehmer ein Ideenbuch ausgehändigt, das eine genaue Beschreibung des Problems enthält. Alle sind aufgefordert, täglich alle Einfälle zum Problem zu notieren. Oder das Collective Notebook wird in den Verteiler einer Firmenabteilung geschickt. So sammelt man in kürzester

Zeit das Know-how einer Abteilung, ohne dafür gleich eine Konferenz einberufen zu müssen.

Die CNB-Methode läßt sich besonders einfach unter Verwendung der Informationstechnologie durchführen. Das Problem und die Problembeschreibung kann über das firmeninterne Intranet oder über das öffentliche Internet kostengünstig versandt werden. Jeder Adressat erhält automatisch eine Liste der angeschriebenen Teilnehmer. Die Problemlöser haben somit die Möglichkeit, untereinander zu kommunizieren. Die Ideen können vereinfacht elektronisch gesammelt und ausgewertet werden.

Beim *Attribute-Listing* werden alle wichtigen Eigenschaften einer bekannten Problemlösung aufgelistet und modifiziert, um Anregungen zu erhalten, die Lösung zu verbessern.

Für die Fruchtbarkeit des Assoziationsprinzips gibt es viele Beispiele. Besonders deutlich wird die Neukombination bisher getrennt gesehener Denkbereiche an folgendem schon häufig veröffentlichten Beispiel.

Problem: Wie kann man ersunkene Schiffe heben?

Von der dieses Problem bearbeitenden Ingenieurgruppe hatte ein Teammitglied den Einfall, versunkene Schiffe durch Füllen mit Tischtennisbällen zu heben. Die Idee hatte er in einem Mickey-Mouse-Heft seines elfjährigen Sohnes gelesen. Den Grundgedanken entwickelte die Ingenieurgruppe weiter zur dann realisierten Lösung.

Die versunkenen Schiffe wurden mit Styroporkügelchen ausgeschäumt, und dadurch wurde im übertragenen Sinne der „Tischtennisball-Effekt" realisiert. Entscheidend war die freie Assoziation und die Kombination von bisher in zwei völlig unterschiedlichen Denkbereichen angesiedelten Informationen.

Für die praktische Durchführung einer solchen kreativen Sitzung erkennt man anhand dieses Beispiels ein äußerst wichtiges Prinzip: In der Phase der Ideenfindung geht es vor allem darum, möglichst ausgefallene, ja beinahe abstruse Einfälle zu produzieren.

Gerade hinter „wilden", vermeintlich unsinnigen Ideen verbergen sich häufig wertvolle Grundgedanken, die die Gruppe weiterverfolgen sollte.

Konzentriert man sich bei der freien Assoziation darauf, die Ideen der anderen zu kritisieren, ist man nicht mehr offen für den positiven Gehalt, der hinter jeder Idee steckt. Man kann sich folglich auch nicht inhaltlich mit der Idee befassen. Damit geht der Vorteil der Teamarbeit, der Synergieeffekt des Kreativteams, verloren.

Das Prinzip der Problemum- beziehungsweise -neuformulierung

Diese Technik zielt darauf ab, durch eine neue Anordnung bisher getrennt gesehener Informationen fixierte Denkmuster aufzubrechen. Jede Problemformulierung ist nur ein mögliches sprachliches Gewand für die zu lösende Frage, das sich nur auf ganz bestimmte Problemaspekte konzentriert.

Durch eine Umformulierung wird das Problem von einer anderen Seite her beleuchtet, die unter Umständen vorher gar nicht Gegenstand der Betrachtung gewesen ist.

Bei der traditionellen Problemlösung gerät man leicht in eine Sackgasse, weil man nach einer genauen Definition sucht. Die Gefahr, sich einzuengen ist groß. Bei der Technik der Problemneu- beziehungsweise -umformulierung wird das Ausgangsproblem in möglichst unterschiedlicher Weise formuliert, es wird „auf den Kopf gestellt", von „hinten aufgezäumt".

Der Teammoderator hat die Aufgabe, Beispiele für solche Formulierungen zu geben und die Gruppe zu solchen Umformulierungen anzuregen. Er kann dies mit folgenden Tips für das Team bewerkstelligen:

- Die Formulierungen sollten wieder mit „wie" oder „welche" beginnen (welche Möglichkeiten haben wir, xy zu erreichen?).
- Die Formulierungen sollten zukunftsorientiert sein.
- Kehren Sie das Problem um, stellen Sie es auf den Kopf!
- Abstrahieren Sie das Problem!
- Konkretisieren Sie das Problem!

- Bringen Sie Ihr eigenes Wunschdenken, Ihre Vorstellungen mit in die Formulierung ein!
- Vermeiden Sie die Gefahr vermeintlicher Restriktionen (innere Zensur)!
- Formulieren Sie bildhaft!

Alle Neuformulierungen der Gruppe werden wieder visualisiert. Danach wählt jedes Gruppenmitglied individuell drei Neuformulierungen aus.

Durch Punkteverteilung ermitteln Sie je nach Zeit eins bis vier Favoriten. Diese Problemneuformulierungen werden dann weiterverfolgt.

Wenn Sie Lust haben, laden wir Sie zu einem kleinen Experiment ein:

Stellen Sie sich or: Sie sind der Leiter eines Tischtennisturniers, zu dem sich 135 Spieler angemeldet haben. Um einen Überblick über den Ablauf des Turniers zu bekommen, wollen Sie feststellen, wie viele Spiele insgesamt notwendig sind, bis der Sieger feststeht.

Das Turnier (Einzel) wird nach dem K.-o.-System durchgeführt. Bei ungerader Spielerzahl wird jeweils ein Freilos für die nächste Runde gezogen.

Problemformulierung: Wie viele Spiele müssen ausgetragen werden, bis der Sieger von 135 Spielern ermittelt ist?

Manchmal ist es hilfreich, Dinge um 180 Grad zu drehen

Wie lösen Sie dieses Problem? Wir vermuten, daß auch Sie den mathematischen Weg (Division durch 2) gewählt haben, und sicher sind Sie nach einer bestimmten Zeit auf die richtige Lösung gekommen.

Vielleicht geht es aber auch einfacher? Wenden wir die Strategie der Problemumformulierung an:

Eine neue Problemformulierung zu der 135-Tischtennisspieler-Frage könnte zum Beispiel sein:

Wie viele Spiele müssen ausgetragen werden, bis 134 Spieler verloren haben?

Die Lösung wird durch die Art der Formulierung unmittelbar klar: Da nach dem K.-o.-System gespielt wird, gibt es in jedem Spiel einen Verlierer, der ausscheidet. Es sind also insgesamt 134 Spiele notwendig, bis der Sieger feststeht. Eine Lösung ohne jeden mathematischen Aufwand.

Analyse: Durch die Art der vorgegebenen Aufgabenstellung wird meist stereotyp der mathematische Lösungsansatz versucht. Die Aufmerksamkeit ist auf die sympathische Person des Siegers fixiert.

Erst als das Augenmerk weg vom Sieger auf die Verlierer hin verlagert wird, ergeben sich neue, überraschende Lösungsansätze. Durch die Umformulierung des Problems wird eine Art geistiger Kopfstand betrieben. Die radikale Umkehrung der Logik durch die Redefinition ermöglicht eine völlig neue Betrachtungsweise des Problems.

Oder anders ausgedrückt: Ein Problem wird meist erst dann zum Problem, wenn die Art der Problemformulierung und dadurch die Art der Betrachtungsweise zu einer blockierten Situation hinführen. Die Umkehrung der Logik zerschlägt das alte Denkmuster, das keine gute Lösung ermöglicht.

Man gewinnt neue Suchrichtungen, die häufig überraschend einfache und plausible Lösungen aufdecken. Die Veränderung des Standorts erweist sich als produktiv.

Erinnern Sie sich noch an den Schimpansen Dagobert? Seine Problemformulierung hieß:
Wie komme ich an die Bananen?

Sehen wir uns an, wie Schimpanse Sultan es macht:
Wie komme ich an die Bananen?

Umformulierung:

1. Wie kommt die Banane zu mir?
   Durch die Formulierung wird die Frage angeregt, wie die Banane in Bewegung gesetzt werden kann.

2. Wie kann ich meinen Arm verlängern?
   (Problemlösung wird sofort klar.)
   Ast vom Baum im Käfig abbrechen und die Banane heranziehen.

3. Wie kann ich andere dazu bringen, mir zu helfen?
   (Vielleicht stehen Passanten oder Wärter herum, die die Banane hereinreichen.)

4. Wie kann ich Hunger stillen?
   (Möglicherweise erinnert sich Dagobert an vergrabene Essensreste im Käfig.)

Das Prinzip der Bisoziation

Durch die Methode der zuvor dargestellten freien Assoziation werden zwar im Vergleich zum traditionellen Weg, sofort eigene Kritik zu formulieren, sehr viele Ideen vom Team produziert.

Selten werden jedoch bei der spontanen, assoziativen Ideenfindung außergewöhnliche Vorschläge produziert. Dies gilt nach der Erfahrung der Autoren auch dann, wenn immer wieder darauf aufmerksam gemacht wird, gerade Verrücktes, Außergewöhnliches zu produzieren.

Die innere Kontrollinstanz mit ihrem reichhaltigen Repertoire an bisher gemachten Erfahrungen und erarbeitetem Wissen läßt uns meist auf bekannte Vorschläge zurückgreifen.

Jede kreative Problemlösung bedingt das Neukombinieren von Bildern, das Zusammenfügen von Informationen, die scheinbar gar nicht zusammenpassen.

Wir haben bereits über das Denken in Bildern gesprochen. Im schöpferischen Akt wird bewußt auf begriffliches Denken verzichtet – zugunsten visueller Vorstellungen. Der Versuch, dieses bildhafte Denken wieder zu erlernen, fordert daher zum „Rückschritt", zur Regression auf, einer Regression, die neue Dimensionen eröffnet.

„Oft müssen wir uns von der Sprache lösen, um klar zu denken."
Woodworth

Kreative Denkprinzipien oder Techniken sind nichts anderes als Verfahrensleitlinien für die Suche nach Bildern, die als Grundlage für eine mögliche Verknüpfung dienen können.

Ein Verfahren, kreative Ideen im Team anzuregen, ist die Methode der Bisoziation:

Sie suchen sich ein völlig willkürliches Bild, das Sie benutzen, um sich zu neuen Ideen anregen zu lassen. Das heißt, Sie können im Prinzip blind mit dem Finger einen Begriff aus einer Zeitschrift oder aus einem Buch herausfischen und mit diesem Begriff arbeiten. Solche Begriffe können zum Beispiel sein:

Ei / Baum / Gebirgssee / Rasenmäher / Nilpferd / Computer / Trapezkünstler / Wankelmotor

Warum dieser Umweg über ein willkürliches Bild?, werden Sie vielleicht fragen. Erinnern wir uns an einen Satz aus der Einleitung dieses Buches: Man löst das Problem, indem man sich vom Problem löst.

Dazu ein Versuch:

Huhn Erna hat ein Problem. Es will an das Futter (Ziel), das sichtbar vor dem Zaun liegt.

Der Zaun ist zu hoch, um ihn zu überspringen, und zu eng, um hindurchzuschlüpfen.

Wie versucht nun Huhn Erna, dieses Problem zu lösen?

Alle Experimente mit Hühnern zeigen, daß sie die gleichen Problemlösungsstrategien wählen:

- Sie rennen gackernd gegen den Zaun.

- Sie versuchen, über den Zaun zu springen.

- Sie versuchen, eine Lücke im Zaun zu finden.

Und hier wird es interessant für uns:

Alle Hühner rennen nur so lange am Zaun entlang, wie sie das Futter im Auge behalten. Sobald Huhn Erna merkt, daß es das Futter nicht mehr sieht, kehrt es zum Ausgangspunkt zurück.

Huhn Erna schaffte es während der Problemlösung nicht, das eigentliche Problem (Futter) aus den Augen zu verlieren. Sobald das Futter nicht mehr in Sichtweite war, brach Huhn Erna die jeweilige Bewegung ab und orientierte sich wieder am Futter.

Ähnlich verhält sich der Mensch in der Problemlösungssituation. Sobald er das Problem aus den Augen verliert, fühlt er sich unbehaglich, da er nicht mehr weiß, wo es hingeht. Dabei ist aber gerade für die Lösung vieler Probleme die Distanz zum Problem notwendig. Nur durch diesen Vorgang wäre es für Huhn Erna möglich, die blockierte Situation zu überwinden. Die Distanz ermöglicht einen Ausweg aus der Wahrnehmungsblockierung und dem Begriffsgefängnis. Sie ermöglicht neue Arten der Betrachtung und damit neue Lösungswege.

Das gewählte Bild braucht nicht kompliziert oder ausführlich zu sein.

Es ist aber folgendes zu beachten:

- Das Bild soll Ihnen bzw. dem Team interessant erscheinen.

- Sie sollen Spaß daran haben, sich mit dem neuen Bezugssystem zu beschäftigen.

- Sie müssen das Bild beschreiben, analysieren und entwickeln können, das heißt, ein Bild, das Ihnen völlig unbekannt ist, taugt für unsere Zwecke nicht.

- Das Bild sollte zunächst mit dem Problem weiter nichts zu tun haben. Die Verbindung stellen Sie ja später selbst her.

- Nachdem Sie sich für ein bestimmtes Bild entschieden haben, beschreiben und analysieren Sie es gemeinsam.

- Welche Farbe hat es, wie fühlt es sich an, wo wird es eingesetzt, woran erinnert es Sie?

- Anschließend wird das Bild mit der Problemstellung verknüpft, und es werden aus dieser Verknüpfung Lösungsvorschläge abgeleitet (Abbildung 6).

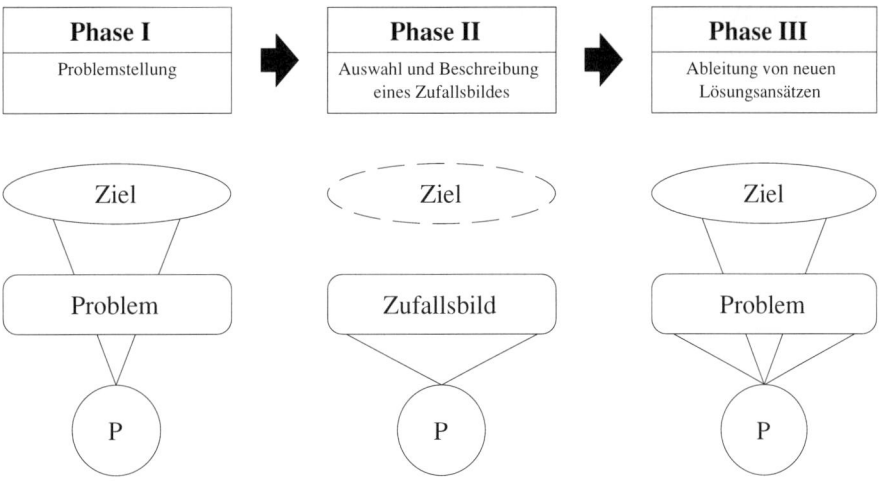

Abbildung 6: Phasen der Bisoziationstechnik

Beispiel:

Ein Beispiel aus einer Gruppensitzung.

Ausgangsproblem:

Wie kann man Mitarbeiter ansprechen, um sie für den Besuch von Aus- und Fortbildungskursen zu motivieren?

Als Bild wurde „Küken im Ei" ausgewählt. Die Gruppe beschrieb und analysierte das Bild wie folgt:

„Das Küken befindet sich in der schützenden Hülle des Eis und bezieht Nahrung vom Ei-Inhalt. Nach einer bestimmten Zeit wird die Hülle zu eng, und das Küken beginnt, sich gegen den Widerstand der Schale zu stemmen. Mit dem Schnabel schlägt es gegen die Kalkhülle und bricht sie auf. Mit großer Anstrengung verläßt es die schützende Hülle und begibt sich in eine neue Umwelt. Es muß auf eigenen Beinen stehen und sich behaupten. Es beginnt, sich zu waschen und sich zu entwickeln."

Überraschenderweise ließ sich dieses Bild nahezu vollständig als Lösungsansatz für das Ausgangsproblem verwenden. Beispielhaft einige Formulierungen, in denen Mitarbeiter angesprochen werden mit dem Ziel, sie zu motivieren:

- Durch Weiterbildung verläßt man seinen engen Bereich und stößt in neue geistige Bereiche vor.
- Durch Weiterbildung wird man anderen überlegen.
- Durch Weiterbildung geht man Risiken ein, die aber die Chance für völlig neue berufliche Möglichkeiten bedeuten.
- Ohne Weiterbildung wird man eingeengt, abhängig und wenig lebensfähig. Man lebt quasi in einer Zwangsjacke, wie in einem Ei.

Weiterbildung sprengt die enge Schale

Ein anderes Beispiel:

Jemand hat in Kentucky/USA 100 Hektar Land und Waldbestand gekauft. Der Boden ist hügelig und karg, der Waldbestand gutes Nutzholz. Ein Fischteich ist bereits ausgehoben.

In der Phase I, der *Analyse*phase, wird folgendes herausgestellt:

- Marktanalyse in Kentucky / mögliche Marktlücken
- Bodenanalyse des Grundstücks
- Verkehrsanbindung
- Zur Verfügung stehende Manpower

Spontane *Lösungsansätze:* Welche Möglichkeiten bestehen, auf dem Grundstück Land- und Forstwirtschaft zu betreiben?

Umformulierung: Welche Möglichkeiten gibt es, andere Menschen auf das Grundstück zu holen und sich somit zu ernähren?

Bisoziationen: Als Bilder werden „Nebel" und „Weihnachten" gewählt.

Bewertung: Aus rund 200 gesammelten Alternativen werden folgende Lösungsansätze ausgewählt:

1. Der Besitzer gründet eine Holzmanufaktur mit allen möglichen Weihnachtsaccessoires, zum Beispiel Krippenfiguren.

2. Der Besitzer eröffnet ein Therapiezentrum für ehemals Alkoholabhängige mit vielen Outdoor-Therapien.

3. Der Besitzer bietet „Deutsche Weihnachtsferien" auf seiner Farm an.

4. Verknüpfung der ersten und zweiten Idee.

Die Analogietechnik

Die Analogiensuche ist dem Prinzip der Bisoziation verwandt. Sie ist ebenfalls eine gute Technik, um eine Situation auf andere Weise zu betrachten und neue Gedanken zur Problemstellung zu entwickeln. Analogien sind Bilder, Vorgänge oder Tatbestände aus einem anderen Bereich, die Ähnlichkeiten mit dem vorgegebenen Problem aufweisen.

Bei der Wahl von Analogien hat es sich als zweckmäßig erwiesen, im Falle von technischen Problemen (zum Beispiel: Antenne) Analogien aus dem Naturbereich und bei sozial-zwischenmenschlichen Problemen (zum Beispiel: Motivation von Mitarbeitern) Analogien aus dem technischen Bereich zu wählen.

Ein kleines *Beispiel* macht den Sinn dieser Spielregel deutlich:

Eine Gruppe hatte sich die Aufgabe gestellt, Lösungsansätze für die Optimierung des Betriebsklimas zu finden. Unter den vielen technischen Analogien fand sich unter anderem das Stichwort „Klima-Anlage".

Es waren nur noch die Voraussetzungen aufzulisten, unter denen eine Klima-Anlage „optimal" funktioniert – und schon ergaben sich umsetzbare Ansatzpunkte für die Lösung des Problems.

Bei der Anwendung des Analogieprinzips kann ein Team zum Beispiel so verfahren:

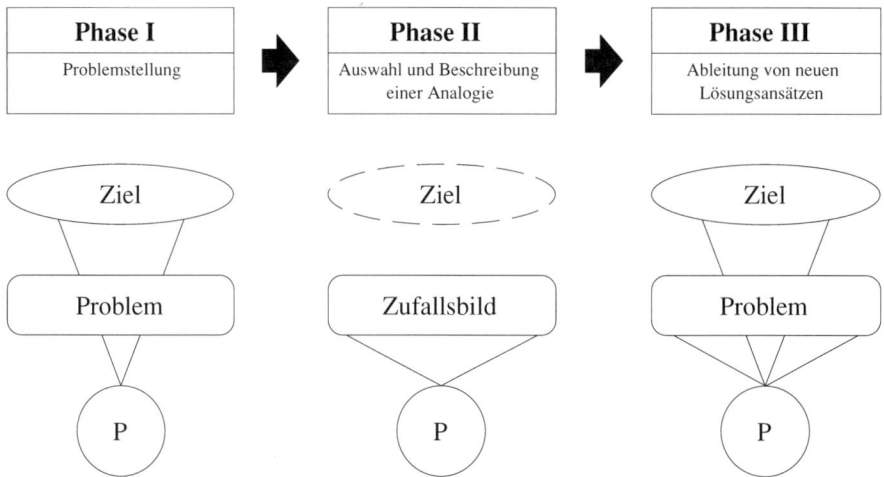

Abbildung 7: Phasen der Analogietechnik

- Die Problemstellung ist von allen verstanden.
- Das Team sammelt Analogien.
- Jedes Team hat drei Stimmen zur Auswahl einer Analogie. Die Analogien mit den meisten Stimmen (oder auch nur eine einzige) werden bearbeitet. Voraussetzungen auch hier: Die Analogie ist bekannt und erscheint spannend.
- Das Team beschreibt spontan Gesetzmäßigkeiten innerhalb der Analogie.
- Jede Aussage wird ohne Kommentar visualisiert.
- Schließlich werden aus der Analogie neue Lösungsansätze abgeleitet.

Wichtig bei der Analogiesuche ist, daß das Team nicht an der Analogie beziehungsweise dem Bild hängen bleibt. Der Teammoderator muß dafür sorgen, daß brauchbare Lösungsvorschläge für das Ausgangsproblem dabei herauskommen. Er kann das mit folgenden Formulierungen forcieren:

- „Wie kann uns das Bild helfen, neue Lösungsvorschläge für das Problem zu finden?"
- „Welche funktionalen Vorgänge laufen in dem Bild ab, und wie lassen diese sich auf unser Problem übertragen?"

Manchmal lohnt es sich auch, eine persönliche Analogie zu bilden. Dabei versetzen sich die Gruppenmitglieder in den ausgewählten Gegenstand (zum Beispiel: Wie fühle ich mich als Muschel?).

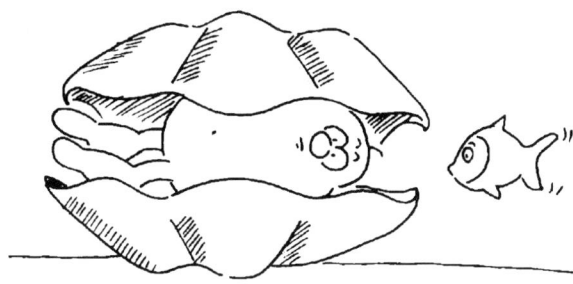

Wie man sich als Muschel fühlt

Beispiel:

Veraltete Produkte

Zwei besonders ertragsstarke Artikel erfüllten die Anforderungen nicht mehr. Für einen „verspannten" Fahrzeugverschluß, mit dem Hesterberg in Europa führend war, sollte 1985 der patentrechtliche Schutz enden; italienische Werke bauten ihn ohnehin schon nach. Eine Neuentwicklung war dringend notwendig geworden. Außerdem mußte ein Scharnier für abklappbare Bordwände künftig den strengen Auflagen der Berufsgenossenschaft genügen. So mußte das Gelenk gewährleisten, daß sich die abnehmbare Planke eines Pritschenwagens nicht löst, nur weil der Fahrer vergessen hatte, sie mit einem Splint zu sichern.

Die sechs Mitarbeiter der Abteilung Produktentwicklung (PE) hatten zwar schon für beide Artikel zahlreiche Neukonstruktionen erdacht, doch „die zündende Idee, die revolutionierende, umfassende und zugleich kostengünstige Problemlösung" (Besprechungsprotokoll) wollte ihnen nicht einfallen. „Wir standen mit dem Kopf vor der Wand", erinnerte sich einer von ihnen, eine katastrophale Lage, denn Hesterberg hatte in den vergangenen 15 Jahren seine Umsätze jeweils zu 80 Prozent mit neuen Produkten bestritten.

In dieser verfahrenen Situation rangen sich die Firmeninhaber doch noch zu einer letzten gemeinsamen Entscheidung durch: Sie beschlossen, den exzentrischen Designer Luigi Colani mit der Produktneuentwicklung zu beauftragen. Der war auch bereit, sich für 100 000 Mark und eine Beteiligung am Markterfolg engagieren zu lassen. Doch da stand für Mitinhaber Dörken plötzlich fest: „Wir haben nichts davon, wenn uns ein Experte Lösungen liefert und wir uns von seinen Einfällen abhängig machen." Er entschied: „Wir verzichten auf den Meister, die Ideen müssen aus der Mannschaft kommen, nicht von außerhalb."

Und Gerhard Blasius, Leiter der Produktentwicklung und heute stellvertretender Geschäftsführer grübelte: „Da muß etwas faul sein, wenn sich der Marktführer an seinen eigenen Produkten die Zähne ausbeißt." Die kreative Blockade habe ihre Ursache wohl weniger darin, „daß wir betriebsblind geworden sind"; sie sei, so ahnte er, vielmehr Indiz dafür, „daß in der Kommunikation und Kooperation, daß mit uns selbst etwas nicht mehr stimmt".

Das Hauptinteresse galt den Patententwicklern. Ein Trainer assistierte ihnen bei der Gruppenarbeit, schulte sie in den Methoden der Ideenfindung und -bewertung. Vor allem versuchte er, sie von ihrer „Zielfixiertheit" abzubringen, von der Annahme, innerhalb einer bestimmten Zeit um jeden Preis ein Ergebnis vorlegen zu müssen.

Er stellte den PE-Leuten beispielsweise die Aufgabe, sich innerhalb von fünf Minuten darüber zu einigen, wie sie den Inhalt eines Zeitungsartikels möglichst witzig interpretieren könnten. Der Zeitdruck führte zunächst zur geistigen Blockade, produziert wurde „Krampf". Dann aber begriffen sie, daß der Weg zum Ziel wichtig ist, ja, daß im Sinne einer asiatischen Weisheit der Weg das eigentliche Ziel ist. Der Trainer: „Nun begannen sie zu spinnen, was sie alles machen könnten, hatten plötzlich die verrücktesten Ideen." Nur wer sich bei seiner Arbeit als Spieler begreife, erläuterte er, wer nicht stets Gewinner sein wolle, sei in der Lage, konstruktive Entscheidungen zu treffen; denn dann sei es vorbei mit den Hemmungen: Habe ich alles berücksichtigt? Habe ich es richtig gemacht? Mißerfolge sind in Wirklichkeit nur mißlungene Erfolge.

Nur wer spielt, ist wirklich kreativ

Die Spielermentalität half den PE-Kollegen anfangs immer dann, wenn sie nicht mehr weiter wußten. Situationen, in denen sie früher resigniert hätten, nahmen sie geradezu lustvoll wahr. „Laßt uns weiter jammern, dann kommt was dabei heraus", sagten sie.

Als Schlossermeister Adolf Dretzke das Biologiebuch seines Sohnes mitbrachte und die Kollegen ein Mensch- und ein Reptilienskelett im Krankenhaus ausliehen, um zu studieren, „Wie greifen Tiere in der Natur, wie sehen Gelenke, Scharniere beim Menschen aus?", war der Durchbruch geschafft; jetzt spielten die Produktentwickler nur noch, die kreative Problemlösung war eine Frage der Zeit.

Die „Spieler" gestalteten Arbeitshefte mit Lösungsansätzen, gingen damit durch den Betrieb, um mit Facharbeitern wie mit Sekretärinnen nach weiteren Alternativen zu suchen. „Wir zapften das gesamte Know-how des Unternehmens an", stellte Fertigungsleiter Klaus Drenkhaus fest. „Auch wollten wir verwischen, von wem die Staridee kam."

Die Ideen lieferten letztlich die Skelette: Beim Verschluß, einem System mit horizontalem „Heranholvermögen", diente das Reptiliengebiß als Vorbild, beim Scharnier, einer besonders originellen Lösung, das Zusammenspiel der Halswirbelknochen „Atlas" und „Axis".

Auszug aus dem Protokoll einer Kreativ-Sitzung:

Phase 1: *Problemstellung*

Entwicklung eines neuen Verschlusses für Thermosflaschen. Der neue Verschluß soll den traditionellen Stöpsel der bisher bekannten Thermosflasche überflüssig machen. Dabei ist zu beachten:

- Integration des Verschlusses mit der Thermosflasche in der Weise, daß er zum Ausgießen des Inhaltes nicht mehr entfernt zu werden braucht.

- Bänder, Ketten oder Scharniere dürfen nicht verwandt werden.

- Der Verschluß muß leicht zu reinigen sein.

- Aufrechterhaltung der weiten Öffnung der Thermosflasche.

Phase 2: *Suche/Auswahl und Analyse einer Analogie*

Analogien aus dem Reich der Natur

- Augenlid/Iris
- fleischfressende Pflanze
- Poren
- After
- Blüte
- Mund
- Muschel

Analyse Iris

- Sie zieht sich zusammen und dehnt sich aus.
- Sie besteht aus einer Art dehnbarem Stoff, der Öffnen und Schließen ermöglicht.
- Sie ist auch mit der Blende einer Kamera vergleichbar.
- Sie ist ein Teil des Auges.
- Sie vergrößert und verkleinert sich.

Phase 3: *Herstellen der Verbindung zum Problem und Ableiten von Lösungsansätzen*

Die Iris besteht aus einem dehnbaren Material, das sich öffnet und schließt. Nimmt man einen langen Ballon und dreht ihn in der Mitte, so erhält man zwei klar voneinander getrennte Hälften. Dieses „Verschlußprinzip" wurde auf die Thermosflasche übertragen und als neues Patent in den USA auf den Markt gebracht.

Phantasiereise

Die Phantasiereise ist eine Methode, mit der Sie Zugang zu dem unbewußten Teil Ihres Selbst gewinnen können.

Manchmal erlebt man sich widersprüchlich, man weiß zum Beispiel, daß man zu dick ist (kognitiv), trotzdem ißt man weiterhin zu viel (handelnd).

Dies ist Zeichen dafür, daß Handlungen nicht immer kognitiv/bewußt gesteuert werden, sondern daß bisweilen ein anderer Teil Regie führt, den man Unbewußtes, Nicht-Bewußtes oder Unterbewußtsein nennen kann.

Unternehmerisches Verhalten, insbesondere, wenn zukunftsgerichtete Schritte anstehen, hat sehr viel mit diesem anderen Teil zu tun: Intuition, Mut, Vorsicht, Visionen sind nicht durch Daten und Analysen begründbar. Dennoch können sie die treibenden Kräfte sein, die das Verhalten bestimmen – nicht selten entgegen Daten und Analysen. Mit der Phantasiereise können Sie sich einen Teil der nicht bewußten Ressourcen zugänglich machen und diesen in Ihrem Bewußtsein repräsentieren.

Im folgenden stellen wir uns vor, daß Sie eine Phantasiereise mit einer Gruppe durchführen, um Ihnen darzulegen, wie die Methode aussieht und funktioniert:

Schritte

1. Nicht jeder glaubt, er könne eine Phantasiereise machen. Für Zweifler bieten Sie die Möglichkeit an, einen Versuch zu machen, etwa mit der Frage: Was wäre, wenn ich das doch könnte?

   Wer keine Phantasiereise machen will, kann dies als eine Entspannungsübung nutzen.

2. Die Gruppe sitzt oder legt sich entspannt hin. Passen Sie sich mit Ihrem Sprechrhythmus dem Rhythmus der Gruppe an.

3. Lassen Sie jeden aus der Gruppe mindestens fünf bis acht sinnliche Wahrnehmungen erfahren, die zutreffen müssen, mischen Sie die Repräsentationssysteme (hören/riechen) und verbinden Sie sie mit dem Wörtchen „und".

   Beispiel: Und während Sie meine Stimme hören, können Sie fühlen, wie ...

4. Wenn die Gruppe vorbereitet ist und mitmacht, lassen Sie sie eine Zeitmaschine, eine Rakete, einen Lichtstrahl besteigen und sich vorstellen, in die Zukunft zu fahren. Die Gruppe spürt die Beschleunigung im Rücken...

   Verschwommen sieht sie die Jahreszahlen vorbeihuschen. Eine Stimme sagt: 1993 ... 1995.

Die Zeitreise

5. Am Zieljahr, zum Beispiel 2000, lassen Sie die Gruppe aussteigen und einfach wahrnehmen. Keine Definition, keine Vorgabe, einfach offen bleiben:

- ... Das Unternehmen heißt immer noch ...

- ... manches ist Ihnen vertraut, manches neu ...

- ... was sehen Sie ...

- ... was hören Sie ...

- ... was können Sie fühlen, anfassen usw.

Beispiel:

Das Unternehmen xy ist gewachsen. Der Umsatz beträgt fünf Mrd. DM (Zielinduktion).

Fragen an die Gruppe:

- Ist Ihnen bewußt, wie Sie dahin gekommen sind?

- Welche Barrieren waren zu überwinden?

- Was hat geholfen? et cetera

  Fragen Sie alles ab, was Ihnen wichtig erscheint, ohne daß Sie ein Repräsentationssystem einschränken oder Antworten prädeterminieren.

6. Nun lassen Sie die Gruppe alle Erfahrungen, die sie gemacht hat, in ein Päckchen packen, damit diese mitgenommen und bewußt gemacht werden können.

Beispiel: „Wir sind am Ende unseres Besuches angekommen und werden gleich zurückfahren. Packen Sie Ihre Erfahrungen und Informationen in ein Päckchen, das Sie mitnehmen. Nichts soll Ihnen verlorengehen. Sie sollen es in Ihrem Bewußtsein voll zur Verfügung haben ...“

7. Die Gruppe steigt zurück in die Zeitmaschine und erlebt, wie sie zurückfährt (sehen – hören – fühlen).

   Beispiel: „Sie fahren bis zu dieser Zeit in diesem Raum, ... und wenn Sie bereit sind, öffnen Sie langsam Ihre Augen ... und atmen tief durch ...“

8. Lassen Sie der Gruppe Zeit. Manche Erfahrungen können so tiefgreifend gewesen sein, daß die betreffende Person nicht darüber reden will. Es kommt zunächst nur darauf an, daß die Informationen verfügbar sind.

9. Finden Sie geeignete Formen, die Päckchen aufzuschnüren:

   - manche wollen reden
   - manche wollen lieber aufschreiben
   - manche schweigen
   - manche kritisieren die Methode

   Stellen Sie eine Aufgabe.

   Beispiel: Das Unternehmen xy im Jahr 2000:

   Was ist daraus geworden, und wie sind wir dahin gekommen?

   Jeder für sich fertigt eine Liste (Mind-map) an mit dem Ziel, sie später der Gruppe zu präsentieren.

Morphologischer Kasten

Der morphologische Kasten ist eine Methode aus dem Bereich der Ideenfindungstechniken, die neben dem kreativen Aspekt auch noch eine stark strukturierende Komponente haben (zum Beispiel das „Attribute listing“ oder den Problemlösungsbaum, die aber an dieser Stelle nicht behandelt werden sollen).

Diese Arbeitsweise geht auf den Schweizer Astrophysiker Fritz Zwicky zurück und beabsichtigt, komplexe Sachverhalte in abgrenzbare Teile zu zerlegen, um anschließend durch Neukombination der Einzelelemente neue Gesamtlösungen zu entwickeln.

Das hört sich komplizierter an, als es wirklich ist. Folgende Arbeitsschritte müssen Sie dazu individuell oder im Team durchlaufen:

1. Überlegen Sie sich in einer Art gedanklicher Vorwegnahme, welche Grundstruktur Ihre potentielle Lösung haben wird. Dabei muß man sich lediglich vor Augen führen, welche charakteristischen Elemente darin wohl enthalten sind.

2. Legen Sie eine Tabelle an, in die Sie in der ersten Spalte diese charakteristischen Elemente oder Parameter auflisten.

3. Jetzt werden für alle Parameter hintereinander konkrete Ausprägungen gesucht und in die Tabellenzeilen eingetragen.

4. Gewinnung von neuen Lösungen: Nun lassen sich gedanklich alle Ausprägungen der Parameter miteinander zu neuen Lösungen verknüpfen. Dies kann mit einer Zickzacklinie in der Tabelle dargestellt werden.

So wie beschrieben arbeitet man im Team oder auch individuell zweidimensional. Generell ist es aber möglich, mit einer dritten oder sogar weiteren Dimensionen (per EDV) zu arbeiten. Durch das Prinzip der Analyse läßt sich ein hoher Grad an Vollständigkeit der Lösungen erreichen. Allerdings geht damit häufig auch ein gewisser Spontaneitätsverlust einher.

Unsere Erfahrung zeigt, daß sich der morphologische Kasten, so wie er hier dargestellt ist, besonders für den Bereich der technisch-organisatorischen Problemstellungen gut eignet.

Folgende leicht verkürzte Beispiele sollen die breite Anwendungsmöglichkeit und die Arbeitsweise eines Morphologischen Kastens verdeutlichen:

Beispiel 1: Verpackung von Pralinen

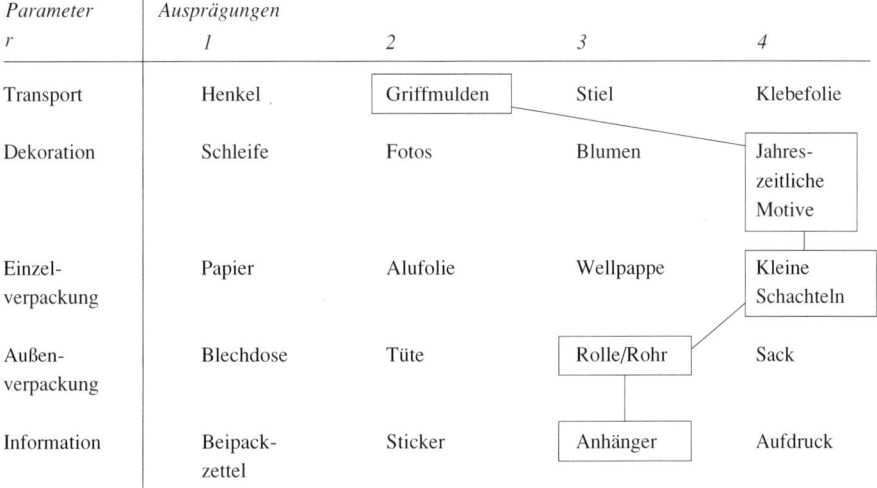

Parameter	Ausprägungen			
r	1	2	3	4
Transport	Henkel	Griffmulden	Stiel	Klebefolie
Dekoration	Schleife	Fotos	Blumen	Jahreszeitliche Motive
Einzelverpackung	Papier	Alufolie	Wellpappe	Kleine Schachteln
Außenverpackung	Blechdose	Tüte	Rolle/Rohr	Sack
Information	Beipackzettel	Sticker	Anhänger	Aufdruck

Vielleicht haben Sie sich gewundert, wie es TV-Drehbuchautoren gelingt, sich so viele neue Serien auszudenken. Hier die Lösung:

Beispiel 2: Kreation eines Mordkrimis

Parameter	Ausprägungen der Parameter									
Titelheld (P1)	Journalist	Kriminalrat	Playboy	Sportler	Gangster	Oberst a.D.	Student	Filmstar	Kammerjäger	Gastarbeiter
Ermordeter (P2)	reiche Ehefrau	reicher Ehemann	Stadtrat	teures Rennpferd	Minister	Wermutbruder	Spion	Vorgesetzter	Prostituierte	Showmaster
Todesursache (P3)	Erschrecken	Erschießen	Erdolchen	nicht feststellbar	Selbstmord (erzwungen)	von Klippe gestürzt	Gift	gespielter Unfall	Erwürgen	Erhängen
Ort der Handlung (P4)	London im Nebel	Pariser Nachtclub	Altersheim	Golfplatz	Hawaii	Sierra Madre	Frankfurter Börse	Urwald	Arbeitsplatz	kommunistisches Land
Mörder (P5)	Erbe (männl. oder weibl.)	Gärtner	Titelheld	Bezahlter Killer	Pfarrer	Panzerknacker AG	Konfirmandin	Mafiaboß	Tante Hedwig	bankrotter Fabrikant
Motiv (P6)	Geldgier	Blutgier	Neugier	Gewohnheit	erotischer Kitzel	aus Versehen	Vergeltung	Mitwisser beseitigen	in Trunkenheit	Ermordeter hatte Pickel
Aufklärung durch (P7)	Zufall	Indizien	Verstand des Titelhelden	Selbstanzeige	nie aufgeklärt	Spuren im Schnee	geheimes Schriftstück	CIA	Methoden der Ideenfindung	Traumerscheinung
Happy-End (P8)	Titelheld heiratet Millionengirl, Straßenbahnschaffnerin, Oma Duck, gar nicht, Putzfrau, Erbtante, Indianerin, Prinzessin o. dgl.		Leiche war nur scheintot	großes, unerwartetes Erbe aus Timbuktu	Prinzessin wird zum Frosch	alter Schatz entdeckt	gelähmter Titelheld kann wieder gehen	herrenlose Katze bleibt bei Tante Elli		Versöhnung mit dem (edlen) Mörder

vgl. auch H. Schlicksupp, „Ideenfindung", S. 111

Der schwierigste Teil bei der Anwendung dieser Technik liegt häufig in der Definition der Lösungsparameter. Es hat sich als hilfreich erwiesen, zunächst eine Liste mit möglichen Parametern zu erstellen und sie intensiv zu diskutieren. Generell gilt: Parameter dürfen sich nicht gegenseitig bedingen, weil dann die freie Kombination der Ausprägungen verhindert wird. Darüber hinaus sollten Parameter vermieden werden, die auf unwesentliche Details der Lösung zielen. Das bewahrt die Übersichtlichkeit der Darstellung.

Um mit dem Morphologischen Kasten relevante Lösungen zu erzielen, ist es hilfreich, wenn alle Beteiligten ein fundiertes Wissen über den zu bearbeitenden Problembereich besitzen. So lassen sich in der Regel leichter qualifizierte Ausprägungen beschreiben. Dies gilt insbesondere für technische Fragestellungen. Ansonsten können natürlich auch kreative Außenseiter den Prozeß bereichern.

Mind-mapping

Diese „geistigen Landkarten" stellen eine interessante Methode dar, ein Problem zu strukturieren, in schwierigen Gruppendiskussionen Einzelbeiträge zu ordnen und insbesondere allein oder im Team problembezogen Lösungsansätze zu entwickeln und zu dokumentieren.

Und so wird es gemacht:

- Nehmen Sie ein großes Blatt Papier und ein paar farbige Stifte.
- Zeichnen Sie einen Kreis in die Mitte des Blattes und notieren Sie darin Ihr Thema, bzw. die Fragestellung.
- Stellen Sie sich vor, Ihr Thema wäre ein Baum und gliedern Sie es dann in einzelne Bereiche. Die Hauptgedanken lassen Sie wie Äste in alle Richtungen wachsen.
- Fügen Sie weitere Zweige an, in die sich das Thema aufgliedern läßt. (Unterschiedliche Gliederungsstufen lassen sich durch unterschiedliche Farben sehr gut darstellen.)
- Benutzen Sie auch Visualisierungen, Symbole zur anschaulichen Darstellung.

- Mit Pfeilen lassen sich Verbindungen oder Abhängigkeiten zwischen einzelnen dargestellten Aspekten aufzeigen.

Beginnen Sie mit dem Abstrakten und tasten Sie sich Ast für Ast zum Konkreten vor. Zu jeder Zeit sind problemlos Ergänzungen auf allen Stufen möglich. Neben dem geringeren Schreibaufwand als bei konventionellen linearen Notizen schaffen „Mind-maps" Überblick und erlauben auch auf einfache Weise zu strukturieren.

Beispiel Mind-mapping:

„Was muß ich bei der Vorbereitung meiner Asienreise bedenken?"

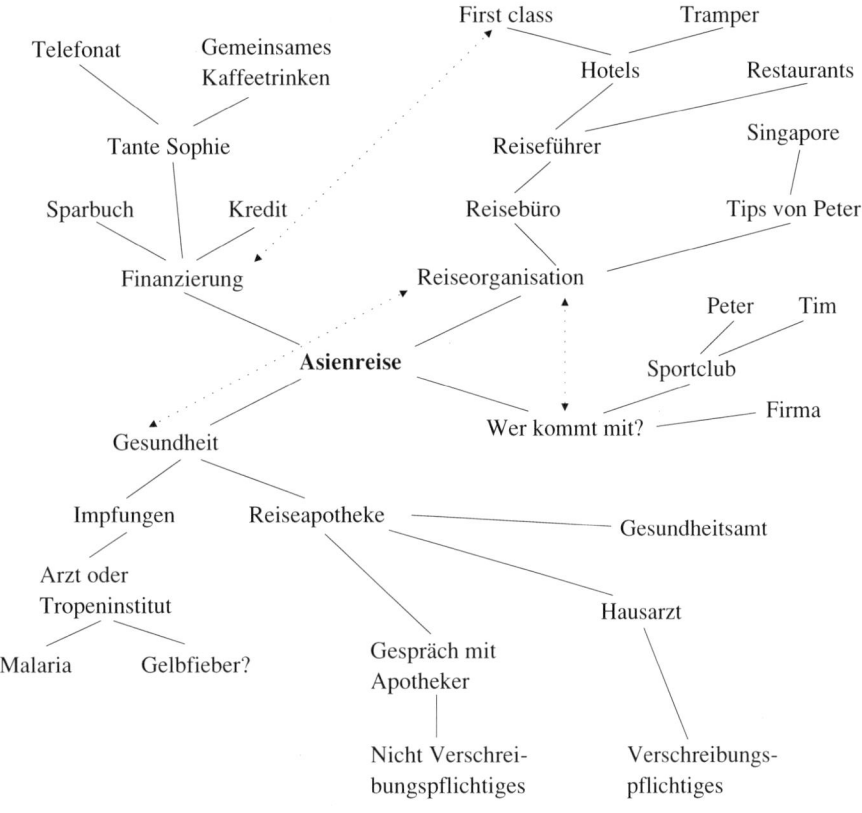

Individuelle Kärtchenmethode

Häufig erlauben es Zeit- oder Kostengesichtspunkte nicht, sich mit einer Gruppe an die Problemlösung zu machen. Deshalb sei hier zum Schluß noch eine weitere (Assoziations-)Technik erwähnt, mit der sich auch individuell Ideen kreieren lassen.

Schreiben Sie dazu alle Ideen, die Ihnen zu Ihrer Fragestellung einfallen, einzeln auf Karten oder vorgefertigte kleinere Zettel. Wenn der erste Ideenfluß versiegt, nehmen Sie sich willkürlich zwei Karten heraus und versuchen Sie aus den Aspekten beider Karten eine oder mehrere neue Ideen zu kreieren. Fahren Sie so fort, bis sich keine neuen Ideen mehr finden lassen.

So – und nun sollten Sie mal kräftig durchatmen, bis es in die Phase III, die Phase der Bewertung, übergeht. Die kreative Phase ist für den Ablauf des Problemlösungsprozesses enorm wichtig. Das wird auch daran deutlich, daß die Autoren 40 Prozent der Gesamtzeit für diese Phase veranschlagen. Auch die kleinen Parlamentarier in der Kurzgeschichte von Kurt Tucholsky brauchen Kreativität. Ihnen wird die dargestellte Situation nicht unvertraut vorkommen ...

Die kleinen Parlamente

Zur Geschäftsordnung

Achtzig intelligente Deutsche: das kann, wenn man sie einzeln vor sich hat, eine herrliche Sache sein. Die sind nicht so sprunghaft gescheit, wie es wohl viele andere Rassen sind, in ihren Köpfen herrscht Ordnung, die Schubfächer sind aufgeräumt, und es ist eine helle Freude, sich mit ihnen zu unterhalten. Wenn aber dieselben intelligenten achtzig Leute zu einer Sitzung zusammenkommen, dann geschieht etwas ganz Furchtbares.

Hat man einmal beobachtet, daß achtzig Leute, wenn sie vom Teufel der Kollektivität besessen sind, nicht mehr achtzig Leute sind? Daß sie zu einem neuen, unfaßbar schrecklichen Ding werden, das viele Köpfe, aber kein Gehirn hat, das ungestalt, schwerfällig, träge, sich und den anderen das Leben schwer macht.

Da müssen Sie hineingetreten sein – das müssen Sie gesehen haben.

Die achtzig Mann setzen sich also in einem mittelgroßen Raum zusammen und werden nun, denkt der Unbefangene, ihre Sache durch gemeinschaftliche Aussprache fördern und weitertreiben. Wie? Aber gar nicht. Aber ganz im Gegenteil. Diese achtzig Leute haben ein kleines Parlament, und das ist der Anfang vom Ende.

Sie sind behext. Sie sind gar nicht mehr sie selbst. Sie sind verwandelt. Was vorher, noch eben, in einer kleinen klugen Privatunterhaltung, klar und faßlich erschien, das wird nun auf unerklärliche Weise verwirrt, wolkig, kompliziert und von einer unauflöslichen Verkettung. Hier ist ein Wunder, glaubt nur! Der Vorsitzende erhebt sich, ein braver und guter Mann, sein Bauch liegt an einer Uhrkette; aber kaum hat er drei Sätze gesprochen, so erhebt sich eine dünne Fistel: „Zur Geschäftsordnung, zur Geschäftsordnung!" – Nein, die Fistel bekommt jetzt das Wort nicht. Aber dann wird sie eine Abstimmung darüber herbeiführen, ob nach 17 Absatz 5 der Satzungen der Vorsitzende in der Lage sein dürfte – he? Über diese zu veranstaltende Abstimmung erhebt sich eine Debatte. Schlußantrag zur Debatte. Dringlichkeitsantrag vor dem Schlußantrag. Gegenantrag. Und wenn sie nicht gestorben sind, dann debattieren sie heute noch.

Und die Sache? Und die Sache, um derentwillen man doch immerhin, entschuldigen Sie, zusammengekommen ist? Aber pfeif doch auf die Sache! Aber wer denkt denn jetzt hier an die Sache! Hier geht's um wichtigere Dinge. Hier geht es darum, ob die Vorkommission, die damals von den Vertretern der Ausschußkommission gewählt worden war, auch wirklich legitimiert ist, der Vollversammlung diejenigen Vorschläge zu machen, die ... „Mir auch ein Bier! Der Herr Vorredner ..."

Meine Lieben, ihr lacht. Lacht nicht. Man muß das gesehen haben, wie Schornsteinfegermeister und Wäschefabrikanten und Schriftsteller und Kegelbrüder aller Arten – wie alle hierzulande in einem eigentümlichen, fast psychopathischen Zustand verfallen, wenn sie vom Parlamentsteufel besessen sind. Es muß da etwas ganz Eigenartiges in den Gehirnen vorgehen: der Stolz, nun einmal endlich nicht als Privatperson, sondern gewissermaßen als öffentliche Person zu sprechen, die kleine, rührende und unendlich gefährliche Freude, den schlichten Bür-

ger auszuziehen und als Cicero, Mann des Staates und Bevollmächtig-
ter dazustehen: das ist es wohl, was so viel positive Arbeit in einem lä-
cherlichen Wust von Kleinkram untergehen läßt.

„Herr Kollege Karschunke hat das Wort!" – „Ich habe vorher zur Ge-
schäftsordnung sprechen wollen!" – „Herr Kollege Karschunke ..." –
„Satzungsbruch! Unmöglich! Ja! Nein!" (Beifall rechts. Links Zischen.
Zuruf aus der Mitte: „Falsche Fuffziger!" Glocke des Präsidenten)

Nun hat die Sache neben der komischen Seite eine verdammt ernste.
Der gesamte Betrieb ist tief unehrlich und verlogen. Man sagt: „Zur
Geschäftsordnung!" und meint: „Herr Pannemann ist ein Schweine-
hund!" Man sagt: „Der letzte Satz der Resolution enthält unseres Er-
achtens einen schweren Fehler" und meint: „Dem wollen wir mal eins
auswischen!" Nirgends wird so viel persönliche Feindschaft unter so
viel scheinbar sachlichen Argumenten versteckt wie in den kleinen Par-
lamenten.

Diese scheinbar unbeirrbare Sachlichkeit, dieses ganze Drum und
Dran, dieser eherne Apparat von Formeln und Formalitäten ist un-
wahr. Vor vielen Jahren erlebte ich einmal in einer solchen Versamm-
lung, wie mitten in dem feierlichen Getriebe wegen der schlechten Luft
im Lokal eine Resolution eingebracht wurde, die ein Rauchverbot ent-
hielt. Die Resolution sollte gerade angenommen werden – da stand ein
kleiner, hagerer Mann auf, bat um das Wort zur Geschäftsordnung und
sagte mit Stimme Nummer drei:

„Meine sehr verehrten Herren! Ich möchte doch dafür plädieren, daß
denjenigen Herren, die eine Tabakspfeife rauchen, wenigstens erlaubt
wird, dieselbe zu Ende zu rauchen!" – Er hatte nämlich eine in der
Hand. „Zur Geschäftsordnung!"

Und wenn dieser ominöse Ruf ertönt, dann muß ich immer an den
Kleinen mit der Tabakspfeife denken. Ich sehe sie hinter vielen Anträ-
gen brennen.

Aber da sind nicht nur die Fälle offener und versteckter Obstruktion
oder persönlicher Interessenvertretung. Wie umständlich ist das alles!
Wie humpelt so eine Verhandlung dahin! Wie zuckt jeder, der ein biß-
chen Blut in den Adern hat, auf seinem Stuhl, wenn er sieht, wie vierzig
ernsthafte ältere, mit Kindern gesegnete Familienväter und zwanzig

nicht minder würdevolle Junggesellen in zwei Stunden um einen riesigen Tisch herum nichts als leeres Stroh dreschen! Muß das sein?

Aber sie platzen lieber, als daß sie ihrs nicht aufsagen. Sie müssen das alles sagen – auch wenn sie genau fühlen, daß es die Sache um keinen Zoll weiterbringt. Sie fühlen's nicht. Der Drang, sich reden zu hören, die Sucht, unter allen Umständen nun auch noch einen Klacks Senf zu dem Gericht dazuzugeben, treibt sie, aufzustehen, den Männerarm in die Höhe zu recken und mit gewichtiger Stimme zu rufen: 'Ich bitte ums Wort.' Meine Herren – Liebe Ehefrauen! Wenn ihr wüßtet, welchen Kohl eure Männer in den Versammlungen zu bauen pflegen, daß ihr denkt: 'Ich will ihm lieber doch nicht abreden, es scheint etwas Wichtiges zu sein' – wenn ihr wüßtet, mit welchen Nichtigkeiten und Kleinigkeiten da die Zeit vertrödelt wird: ihr würdet noch viel böser darüber sein, daß euer Anton abends nicht zu Hause bleibt. Anton! Wo ist Anton? Generalvollversammlung, Abstimmung, Vorredner, Diskussion, Schluß der Debatte, namentliche Abstimmung, zur Geschäftsordnung, zur Geschäftsordnung! Und das geht so siebenmal in der Woche in tausend deutschen Bierlokalen, damit wird die Zeit verbracht, damit beschäftigen sich erwachsene Männer und Frauen. Ist das Parlamentarismus? Oder seine Karikatur? Muß das so sein? Ach, es sind nicht nur die kleinen Parlamente. Auch in den großen ... Aber das ist ein weites Feld.*

* aus: Kurt Tucholsky, „Zwischen Gestern und Morgen", 1986, Seite 90 bis Seite 93

Ein letzter Blick auf die kreative Phase

Abschließend fassen wir die drei wichtigsten Spielregeln der Ideenproduktion noch einmal für Sie zusammen:

1. Produzieren Sie möglichst viele Ideen.

   Quantität geht zunächst vor Qualität. Jeder von uns weiß, wie Konferenzen, Sitzungen oder Ideenproduktionen normalerweise ablaufen. Man sammelt zunächst Vorschläge. Nach etwa 15 Minuten tritt eine erste Phase der Müdigkeit ein. Der Ideenfluß wird schleppender, erste „Killerphrasen" tauchen auf.

Nach etwa 15 Minuten tritt eine gewisse Müdigkeit ein

Der Moderator weiß kein Mittel, die Teilnehmer zu weiterer Kreativität zu stimulieren. Dies ist dann meist der Anlaß, die Ideensuche abzubrechen und zu diskutieren. Erinnern Sie sich an die Gesetzmäßigkeiten des Denkens: In der ersten Phase werden bekannte Muster, alte Lösungen und bereits erfolgreich eingesetzte Alternativen produziert. Erst nach Beendigung dieser Phase, also erst wenn die bereits bekannten Vorschläge formuliert sind, ist das Gehirn frei für neue Ideen. Diese zu finden, ist zwangsläufig schwieriger und dauert dementsprechend länger. Der Ideenfluß wird zähflüssiger. Allerdings ist die Chance, gerade in diesen Phasen neue kreative Ideen zu finden, besonders hoch. Die Müdigkeitsphase muß überwunden werden. Erst nachdem man sich von den bekannten Denkmustern befreit hat, wird man frei für Bildverknüpfung, neue Lösungen.

2. Produzieren Sie möglichst wilde, verrückte Ideen.

Außergewöhnliche, wilde Ideen werden zunächst bevorzugt. „Das meinen Sie doch nicht im Ernst?" oder „Wir wollen hier doch ernsthaft arbeiten!" sind dabei tödliche „Killerphrasen", die vom Moderator unter allen Umständen zu unterbinden sind. Gerade hinter den wilden, vermeintlich unsinnigen Ideen verbergen sich häufig wertvolle Grundgedanken, welche die Gruppe weiterverfolgen sollte.

3. Alle geäußerten Ideen sind für Sie Anlaß, diese weiterzudenken.

Ideen-Ansätze sollen weiterentwickelt werden – und zwar sowohl die eigenen als auch die der anderen. Meist konzentrieren wir unsere Denkanstrengungen zu sehr oder vielleicht sogar ausschließlich auf die kritische Beurteilung der Ideen anderer. Wenn uns selbst nichts mehr einfällt, meinen wir, uns durch das scharfsinnige „Insein" – und auf Kosten der Vorschläge anderer – profilieren zu müssen. Genau diese Haltung muß um 180 Grad gewendet werden.

Anstatt nach den noch oder nur vermeintlich unzulänglichen Aspekten des Lösungsvorschlags zu graben, sollten wir uns auf die positiven Aspekte konzentrieren, die in einer Idee drinstecken. Auf diesen positiven Aspekten gilt es aufzubauen, diese gilt es weiterzuentwickeln. Nur so läßt sich das eigene kreative Potential und erst recht das der Gruppe, des Teams anzapfen. Nur so kommt es zur Überlagerung, zur Überlappung unterschiedlicher Denk- und Informationsmuster und damit zur kreativen Neuschöpfung. Und auch nur so läßt sich eine Idee Schritt für Schritt weiter konkretisieren und somit die konkrete Umsetzung in Unternehmenspolitik einleiten.

3 Bewertungsphase

Richtige Entscheidung – gibt es das?

Vor langer Zeit lebte einmal ein alter, weiser Mann. Er hatte langes Haar, einen Sohn, auf den er stolz war, und einen edlen vollblütigen Schimmel. Der alte Mann lebte zusammen mit seinem Sohn in einem kleinen Haus. Die Wände waren verwittert, die Fenster bedurften eines neuen Anstrichs und ein Ersatz der Dachrinnen wäre auch mal wieder nötig gewesen. Die Nachbarn bestürmten den alten Mann, das Pferd zu verkaufen. Dann hätte er genug Geld, um das Haus zu restaurieren und vor allem seinem Sohn eine gute Ausbildung zukommen zu lassen. Der alte Mann liebte das Pferd, und er wußte, daß es seinem Sohn ebenso ging.

Er behielt das Pferd und sagte: „Laßt uns abwarten und sehen, was geschieht ...“ Eines Tages war am Morgen die Koppel leer. Der Schimmel war über den Zaun gesprungen und davongaloppiert. Alles Rufen, alles Suchen half nicht. Der Schimmel blieb verschwunden. Nach zwei Tagen wurden alle Suchaktionen eingestellt. „Siehst Du“, sagten die Nachbarn – halb bedauernd, halb voll Schadenfreude, „hättest Du auf uns gehört, ginge es Dir jetzt viel besser!“ Der alte Mann aber sagte: „Laßt uns warten und sehen, was geschieht.“ Drei Wochen später, am frühen Nachmittag, erschallte die Erde plötzlich vom Getrappel einer Pferdeherde. Der weiße Hengst war zurückgekehrt und hatte eine Herde von sieben Stuten mitgebracht. „Mensch, hast Du ein Glück gehabt“, sagten die Nachbarn zu unserem alten Mann. „Jetzt hast Du nicht nur ein Pferd, sondern acht. Wir empfehlen Dir, fünf Stuten zu verkaufen. Dann kannst Du Dein Haus renovieren, Deinen Sohn studieren lassen, hast drei Pferde und noch genügend Geld für Dein weiteres Alter.“ Der alte Mann aber sah, mit wieviel Freude sich sein Sohn um die Pferde kümmerte und wie er jedes einzelne mit viel Liebe behandelte, ritt und ausbildete. Er behielt alle Pferde und sagte: „Laßt uns warten und sehen, was geschieht.“ Etwa ein halbes Jahr später geschah das Unglück. Auf einem Ausritt scheute der Schimmel vor einer Schlange und warf den Sohn ab. Ein äußerst komplizierter, mehrfacher Oberschenkel-

bruch war die Folge, mit einer langwierigen Behandlung, wobei unklar blieb, ob das Bein jemals wieder voll einsatzfähig werden würde. „Siehst Du", sagten die Nachbarn zu dem alten Mann. „Wir haben Dir schon immer gesagt, verkaufe die Pferde. Das hast Du jetzt davon, daß Dein Sohn monatelang krank sein wird und die endgültige Genesung in den Sternen steht." Der alte Mann aber sagte nur: „Laßt uns warten und sehen, was geschieht." Circa zwei Monate danach zogen die Werber des Königs über das Land. Mit den zwei Nachbarstaaten war Krieg ausgebrochen, und der Herrscher brauchte junge Menschen als Soldaten. Alle wehrfähigen Männer wurden zu den Waffen gezwungen. Der einzige junge Mann, der im Dorf zurückblieb, war der Sohn unseres alten Mannes. Er war untauglich. „Hast Du Glück gehabt", sagten die verbliebenen Nachbarn voller Neid zum alten Mann. „Alle unsere Söhne sind eingezogen worden, nur Du hast Deinen behalten." Der alte Mann aber sagte nur: „Laßt uns warten und sehen, was geschieht".*

Diese Fabel über den alten Mann kann beliebig fortgesetzt werden. Es ist die Geschichte des Lebens jedes einzelnen von uns. Dinge, Ereignisse, die sich zunächst als negativ herausstellen, entpuppen sich später als die Keimzelle für positive Entwicklungen; positive Erlebnisse sind umgekehrt manchmal der Ausgangspunkt für negative Entwicklungen. Das heißt: Jede Entscheidung, die wir treffen, jede Auswahl zwischen Alternativen ist immer zukunftsorientiert und damit unsicher.

Es können eben wegen dieser Unsicherheit immer andere Konsequenzen auftreten als ursprünglich erwartet. Es können Fehler entstehen.

Da ist die neue Organisationsstruktur, die am nicht erwarteten Widerstand der Mitarbeiter scheitert, oder da ist der Urlaubsort, in dem eine Bande von Rockern den Besuchern das Leben schwermacht. Doch gerade diese sogenannten Fehler werden häufig später anders betrachtet. Es stellt sich im nachhinein oft heraus, daß Fehler die Basis für Innovationen, für Veränderungen waren. Auf die Bewertungs- und Entscheidungsfindung übertragen bedeutet dies:

---

* Alte Sufigeschichte aus dem 11. Jahrhundert

Es gibt keine richtigen und keine falschen Entscheidungen. Oder anders:

Man kann keine Fehler machen.

Das Team im Entscheidungsprozeß

Wenn in unserem Kulturkreis über getroffene Entscheidungen diskutiert wird, steht meist ihre Qualität (ob meßbar oder nicht, sei hier dahingestellt) im Vordergrund. Übersehen wird meist ein anderer Aspekt: die soziale Akzeptanz der Entscheidung. Es gibt viele Beispiele aus der Geschichte der Erfindungen, in denen qualitativ hochwertige Ideen bis zur Produktionsreife entwickelt worden sind. Der Erfinder ist häufig verarmt gestorben, das neue Produkt kam gar nicht oder erst sehr viel später auf den Markt. Die Zeit war noch nicht reif – oder der „Entscheider" hat es nicht verstanden, seine Umwelt für die Idee, für sein Produkt, zu begeistern.

Jeder von uns kennt das Los von Studien, die von Unternehmensberatern erarbeitet oder von Stabsabteilungen in mühevoller Kleinarbeit angefertigt wurden und die dann ohne weiteren Kommentar in der großen Ablage verschwunden sind. Die Umwelt hat die Vorschläge nicht akzeptiert. Präsident Kennedy hat einmal gesagt, daß er rund 50 Prozent seiner Zeit benötige, um Dinge, die er beziehungsweise seine Regierung als richtig ansehen, anderen zu präsentieren, diese zur Akzeptanz zu bewegen.

Konsequenz:

Bei fast jedem Entscheidungsprozeß ist im Hintergrund ein Team angesprochen. Entweder müssen Sie schon den Entscheidungsprozeß gemeinsam organisieren und gemeinsam eine allgemein akzeptierte Alternative verabschieden – oder Sie müssen nach einer Individualentscheidung Ihr Umfeld von der Brauchbarkeit Ihres Vorschlages überzeugen. Die im folgenden beschriebenen Bewertungs- und Entscheidungstechniken werden daher stärker als im kreativen Teil die Aspekte der Teamarbeit zu berücksichtigen haben. Während in den Phasen I und II des Problemlösungsprozesses das Team einen großen Vorteil gegenüber der Summe der Individualleistungen hat, enthält die Phase III des Problemlösungsprozesses Konfliktgefahren.

Beim Entscheidungsprozeß können im Team Konflikte auf zwei Ebenen entstehen.

1. *Konfliktgefahr im objektiven Bereich der Entscheidung.*

   Im objektiven Bereich der Entscheidung, der die Qualität der Lösung betrifft, ergeben sich Gefahren vor allem aus den von einzelnen Teammitgliedern gebildeten Mustern.

Verschiedene Sichtweisen

- Jedes Teammitglied hat unterschiedliches Fachwissen und andere Erfahrungen und betrachtet daher das Problem anders. Es besteht die Gefahr, daß jeder auf seinem Standpunkt beharrt, insbesondere wenn seine Meinung als „sachlich falsch" angegriffen wird.

- Jedes Teammitglied hat unterschiedliche Vorstellungen von zukünftigen Entwicklungen, so daß Lösungsalternativen völlig unterschiedlich bewertet werden. Die Gefahr der Verzögerung der Entscheidung durch die bestehende Unsicherheit wächst.

2. *Konfliktgefahr im subjektiv-emotionalen Bereich der Entscheidung*

Die möglichen Gefahren im subjektiv-emotionalen Bereich betreffen die Akzeptanz der zu verabschiedenden Lösung. Sie resultieren vor allem aus der mangelhaften Kenntnis gruppendynamischer Prozesse.

- Erforderliche Kritik an Lösungsvorschlägen in der Bewertungsphase wird häufig von Teammitgliedern als versteckter Angriff auf Personen erlebt und durch Gegenkritik oder Defensivreaktionen beantwortet.

- Der Informationsaustausch zwischen Mitgliedern eines Teams im Entscheidungsprozeß wird wesentlich durch Sympathie- beziehungsweise Antipathiebeziehungen beeinflußt, und zwar unabhängig von rationalen Überlegungen. Informationen eines „unsympathischen" Teammitglieds werden, häufig unbewußt, abgewertet, verdrängt oder bekämpft. Informationen von „sympathischen" Kollegen werden schnell favorisiert, ohne daß man sich dieses Vorgangs bewußt wird.

Sympathie / Antipathie

- Die Entscheidungsfindung im Team wird beeinflußt durch rhetorische Überlegenheit einzelner Teammitglieder. Zurückhaltende Mitglieder einer Gruppe werden leicht mit guten Argumenten zurückgedrängt oder nicht beachtet.

- Das Team übt einen großen Nivellierungs- und Konformitätsdruck auf die Individualität der einzelnen Personen aus. Abweichende Meinungen eines Teammitgliedes werden vorschnell als belastend empfunden, besonders wenn ein großer Teil der Gruppe sich bereits einig ist. Um kein Außenseiter zu sein, beugt sich meist der Abweicher, oder er geht das Risiko der sozialen Isolierung als Querkopf oder Störenfried ein. Der Vorteil der Heterogenität von Meinungen geht dann verloren.

Die Beobachtung vieler Gruppen im Entscheidungsprozeß zeigt, daß der Vorteil des Teams in dieser Phase des Problemlösungsprozesses meist ins Gegenteil umschlägt. Der Mächtigste oder der größte Taktiker setzt sich durch – oder eine Entscheidung wird nicht getroffen. Das Team ist blockiert, obwohl alle Beteiligten die Strategie der kooperativen Entscheidungsfindung wählen. Versagen von Teams im Entscheidungsprozeß kann nur verhindert werden, wenn eine Verfahrenssystematik angewandt wird, die die objektiven und subjektiven Konfliktdimensionen bei der Entscheidung berücksichtigt. Erst dann kommen die Chancen des Teams zur Geltung.

Techniken zur Entscheidungsfindung

Entscheidungen sind zukunftsorientiert und unterliegen daher der Unsicherheit. Es gibt heute viele Versuche, zum Beispiel über mathematische Modelle Entscheidungen zu objektivieren. Über die Warteschlangentheorie kann man heute sicher ausrechnen, wie viele Kassen in einem Supermarkt zu installieren und wie sie zu besetzen sind, wenn der Kundenzu- und -abstrom, die durchschnittliche Verweildauer und die anderen notwendigen statistischen Daten vorhanden sind. Wenn Sie eine Lagerhalle besitzen, die von 1561 Glühbirnen erleuchtet wird und Ihnen die durchschnittliche Lebensdauer dieser Birnen bekannt ist, dann können Sie unter Kostengesichtspunkten ausrechnen, welche Glühbirnen Sie wann austauschen müssen.

Diese Situationen sind Extremfälle und meist nur der Ausschnitt aus einem gesamten Entscheidungsproblem. Immer wenn es um Menschen geht, sind Entscheidungen mit Sicherheit unsicher. Wenn Sie als Vertriebsmann Ihren wichtigsten Kunden zum Mittagessen einladen, sich vorher bei seiner Sekretärin erkundigt haben, ob und was er gerne ißt und trinkt, und wenn Sie entsprechend den eruierten Wunschvorstellungen einen Tisch in einem kleinen französischen Restaurant bestellt und mit dem Wirt in einem persönlichen Gespräch eine bestimmte Reihenfolge seltener Bordeauxweine festgelegt haben, mag dies eine gute Entscheidungsvorbereitung sein. Vielleicht haben Sie nicht berücksichtigt, daß Ihr Kunde gerade an diesem Tag vorher zum Arzt gegangen ist, dieser einen massiven Bluthochdruck diagnostiziert und eine alkoholfreie Weizenkeimdiät verschrieben hat, mit der Prognose eines baldigen Infarktes bei nicht konsequenter Einhaltung der Therapie. Sie haben mit Ihrer Entscheidung Pech gehabt.

Es gibt natürlich keine Entscheidungstechniken, die unsichere Informationen sicher machen, es gibt nur Entscheidungstechniken, die diesen Tatbestand unterschiedlich berücksichtigen.

Unter den vorhandenen und bekannten Entscheidungstechniken sollen im folgenden zwei typische Vertreter vorgestellt werden. Die eine – die Entscheidungsmatrix – versucht, den gesamten Prozeß der Bewertung zu quantifizieren und dadurch zu eindeutigen Ergebnissen zu kommen. Die andere baut auf dem sogenannten Delphi-Effekt auf, berücksichtigt bewußt die subjektiven Komponenten jeder Bewertung und ist vor allem für das Team geeignet.

Entscheidungsmatrix

Die Entscheidungsmatrix wird bei einer geringen Anzahl von Lösungsalternativen eingesetzt (zum Beispiel wird vermutlich kein Team mit 100 Designerideen für einen neuen Stuhl in die Bewertungsphase einsteigen, sondern vorher zu bearbeitende Ideen auswählen). Die Matrix setzt sich aus vier Arbeitsschritten zusammen:

1. Auflistung von Bewertungskriterien in der Gruppe.
2. Bewertung und Gewichten der Kriterien durch Auspunkten.

3. Aufgliedern der gefundenen Bewertungskriterien.

4. Anwendung der Kriterien auf die verschiedenen Lösungsalternativen und Aufstellen der Matrix.

Bei der Erstellung eines Kriterienkatalogs schreibt man zunächst wieder alle genannten Kriterien an (Preis/Verträglichkeit/Aussehen/Attraktivität et cetera). Das Team einigt sich dann auf die Auswahl von zum Beispiel sechs Kriterien, die die Teammitglieder mittels Punkteverteilung festlegen.

Beispiel:

Sie suchen eine neue Stelle und haben einige Angebote.

Erster Schritt: Aufstellen von Bewertungskriterien

- Gehalt
- Aufstiegsmöglichkeiten
- Anzahl der Mitarbeiter im Gesamtunternehmen
- Größe der eigenen Abteilung
- Entfernung von der Wohnung
- Arbeitszeit
- Weiterbildungsmöglichkeit
- Unterstützung bei der Einarbeitung
- Behandlung während der Vorstellung
- Image des Unternehmens
- Zusatzleistungen (Altersversorgung, Beratungsleistungen, Auslandsaufenthalte et cetera)
- Sicherheit des Arbeitsplatzes

Zweiter Schritt: Gewichtung

Angenommen, Sie haben sich für sechs Kriterien entschieden und verteilen folgende Gewichte:

1. Gehalt	10
2. Sicherheit des Arbeitsplatzes	9
3. Image des Unternehmens	7
4. Größe der eigenen Abteilung	5

5. Entfernung zur eigenen Wohnung   5

6. Aufstiegsmöglichkeit   3

Dritter Schritt: Untergliederung

1. Unter 80 000,– DM Jahresgehalt   1
   80 000,– DM bis 100 000,– DM   2
   über 100 000,– DM   3

2. Großunternehmen mit beamtenähnlichem Status   3
   Unternehmen mit hoher Fluktuationsrate   1
   relative Sicherheit   2

3. Unternehmen gilt als exzellent   3
   durchschnittliches Unternehmen   2
   Unternehmen ist durch einige Affären belastet   1

4. unter 10 Mitarbeiter   1
   10 bis 20 Mitarbeiter   3
   über 20 Mitarbeiter   2

(Wunsch ist also die mittelgroße, nicht die ganz große Abteilung!)

5. 30 Minuten Anfahrt   3
   30–60 Minuten Anfahrt   2
   über 1 Stunde   1

6. Management überaltert, Beförderung grundsätzlich
   aus den eigenen Reihen   3
   Management normal alt oder jung, Beförderung
   aus eigenen Reihen   2
   alle anderen Situationen   1

Vierter Schritt: Entscheidungsmatrix

Kriterien mit Gewichtungszahl	Multiplikator durch differenzierte Bewertung	Angebot A	Angebot B	Angebot C	Angebot D
Gehalt 10	1		10		
	2	20			20
	3			30	
Sicherheit 9	1			9	
	2	18	18		
	3				27
Image 7	1				9
	2	14		14	
	3		21		
Größe Abteilung 5	1	5			
	2				10
	3		15		
Entfernung 5	1	5		5	
	2				10
	3		15		
Aufstieg 3	1		3	3	3
	2				
	3	9			
		71	82	71	79

Abbildung 8: Beispiel für graphischen Aufbau und Auswertung einer Entscheidungsmatrix

In Abbildung 8 ist ein Beispiel für den graphischen Aufbau und die Auswertung einer Entscheidungsmatrix gegeben.

Ergebnisse:

„Spitzenreiter" ist mithin Angebot B, gefolgt von D. Bitte vergessen Sie nicht: das ist nur ein Beispiel für eine Matrix. Die Kriterien und deren Gewichtung sind allein Ihre Entscheidung! Alternativen B und D sind im Grunde genommen identisch (79 und 82 Punkte). Die Matrix hilft Ihnen jetzt zu analysieren, welche Faktoren ausschlaggebend waren. Sie können jetzt durch Hinzufügen weiterer Kriterien, durch Veränderung der Gewichtung, der Veränderung der Bandbreiten „spielen" und Ihr Ergebnis bestätigen oder auch in Frage stellen. Sie haben Transparenz und Übersicht. Die Technik der Entscheidungsmatrix ist wiederum ein gut bestimmtes Grundgerüst, das entsprechend modifiziert werden kann:

1. Die Detailgewichtung würde nicht als Multiplikationsfaktor eingesetzt, sondern als definitive Punktzahl.

- möglichst hohes Gehalt   10
- etwas weniger   9
- noch etwas weniger   8
- noch etwas weniger   7
- große Sicherheit   9
- mittleres Unternehmen   6
- „hire and fire"   1

In diesem Falle würde zum Beispiel Angebot D gewinnen.

2. Bestimmte Kriterien müssen mit einer bestimmten Punktzahl abgedeckt werden, ansonsten wird die Lösung nicht weiterverfolgt.

3. Es wird die mögliche Maximalpunktzahl ermittelt. Die Alternativen müssen mindestens 80 Prozent dieses Wertes erreichen.

4. Es werden Kann- und Mußwerte eingeführt.

Vorteile des Verfahrens

Die Matrix bedingt, daß Sie sich über Ihre eigene subjektive Einschätzung klar werden müssen (das sind die gewichteten und untergliederten Kriterien). Die gefundenen Favoriten können abgeprüft werden. Es ist für Sie und andere deutlich nachvollziehbar, welche Gewichte in der Entscheidung den Ausschlag gegeben haben. Die Technik ist als Präsentationsunterlage brauchbar, weil sie subjektive Prozesse transparent macht. Die eigentlichen Entscheidungsträger können sehr schnell sagen, ob sie mit der Gewichtung einverstanden sind oder nicht. Mögliche andere Einschätzungen sind anhand der Matrix sehr schnell einsetzbar, und das Ergebnis modifiziert sich entsprechend.

Sobald sich die Anzahl der Ideen vergrößert, wird das Verfahren sehr zeitaufwendig und kaum noch trennbar. Deshalb wird die Entscheidungsmatrix nur in rund 20 Prozent der Problemlösungsprozesse eingesetzt. Die Matrix vermittelt einen Eindruck von Objektivität, der so natürlich nicht zu rechtfertigen ist. In den Fällen, wo die Gewichtung bei 2 Personen sehr unterschiedlich ausfällt, ist es daher sinnvoll, diese Unterschiedlichkeit als kreatives Potential zu nutzen und die Differenzen ausdiskutieren zu lassen.

Delphi-Effekt

Der Delphi-Effekt als Methode zur Entscheidungsfindung kann in zweierlei Weise gehandhabt werden. Der erste Schritt der Auswahl („Welche Ideen gefallen mir?") kann entweder wieder durch Punkteverteilung in der Gruppe oder in Individualarbeit mit anschließender Präsentation der Entscheidung erfolgen.

Punkteverteilung

Erster Schritt: Der Teammoderator legt zusammen mit der Gruppe die Anzahl der auszuwählenden Ideen fest, zum Beispiel sollen von 100 gefundenen Ideen 25 Ideen übrigbleiben.

Zweiter Schritt: Die Gruppenmitglieder schreiben nun die Nummern der favorisierten Ideen auf Klebepunkte, die dann an das Flip-chart neben die betreffende Ideen geklebt werden. Häufig erfolgt schon im Vorfeld eine Verständigung auf bestimmte Kriterien, die die Ideen erfüllen sollten. Diese Kriterien sind von den Mitgliedern bei ihrer Entscheidung miteinzubeziehen.

Im dritten Schritt: werden die favorisierten Ideen umrahmt und einander zugeordnet, wenn sie zusammenpassen. Dadurch entsteht automatisch eine Struktur.

Beispiel:

Angenommen, Sie besprechen mit Ihrem Partner/Ihrer Partnerin mögliche Aktivitäten für einen gemeinsamen Abend. Folgende Liste mit Vorschlägen könnte zusammenkommen:

Machen Sie sich eine Liste

1. Essen gehen
2. Theater
3. Reden
4. Spazierengehen
5. Karten spielen
6. Nichtstun
7. Fernsehen
8. Zeitig schlafen gehen
9. Ballett
10. Freunde besuchen
11. Getrennt arbeiten
12. Kino
13. Eine unerledigte Handlung

Bei der Punkteverteilung stellen sich folgende Favoriten heraus:

- Reden
- Spazierengehen
- Ballett

Nun ordnen Sie die anderen Ideen den Favoriten zu:

- Reden   1, 4, 5, 10
- Spazierengehen   3
- Ballett   2, 12

Die Ideen, die sich nicht unter die Favoriten einordnen lassen, fallen automatisch raus. Die drei gebündelten Favoriten können inhaltlich konkretisiert werden. In unserem Beispiel sind die Oberbegriffe, nach denen zugeordnet wurde:

- Kommunikative Abendgestaltung
- Kulturelle Abendgestaltung

Was machen wir heut' abend ...

Beim Delphi-Effekt wird zudem noch ein Joker eingesetzt, der soge-
nannte Minderheitenschutz. Nach Abschluß der Delphi-Effektphase
kann jemand, der unzufrieden ist, weil seine Favoriten durchgefallen
sind, diese Idee konkretisieren. Es ist nicht nur möglich, sondern hat
sich in der Vergangenheit auch erwiesen, daß die wirklich neue Idee,
die natürlich auch mit einem größeren Risiko verbunden ist, nicht von
der Mehrheit, sondern nur von einzelnen ausgewählt wird. Dieser
Idee wird mit dem Joker eine Chance gegeben. Man kann ihr nicht
ansehen, ob sie funktioniert. Daher wird dem Verfechter Gelegenheit
gegeben, seine Vorstellung gegenüber der Gruppe zu vertreten, die
Idee mit mehr Leben zu füllen.

Er kann also

- Informationen zur Idee sammeln

- ein Experiment mit der Idee machen

- andere Leute fragen, was sie davon halten et cetera

Vielleicht wird seine Idee doch noch in den Katalog der Favoriten mit
aufgenommen. Dieser Minderheitenschutz ist nicht etwa als Trost-
pflästerchen anzusehen, sondern Teil einer Demokratisierung im Entscheidungsprozeß, auf den wir im Anschluß noch eingehen.

Indi iduelle Auswahl und Präsentation im Plenum

- Jedes Teammitglied wählt Ideen, die ihm gefallen. Diese Lösungsvorschläge werden von ihm schon weiter bearbeitet, das heißt,
  durch Zeichnung und Text konkretisiert und nach bestimmten
  Prioritäten geordnet.

- Im zweiten Schritt präsentiert jeder einzelne die ausgesuchten Lösungsvorschläge in der Gruppe (Hilfsmittel nicht vergessen, wie
  Diaprojektor, Charts).

- Die Gemeinsamkeiten bei allen vorgeschlagenen Lösungen stellen
  Sie fest und notieren sie für alle sichtbar (z.B. haben drei Personen
  Vorschlag Nr. 17 ausgewählt).

- Diese Gemeinsamkeiten werden von der Gruppe auf Nutzen und
  Brauchbarkeit hin überprüft und dann als Gruppenergebnis visualisiert. Bei der Feststellung von Gemeinsamkeiten ergeben sich folgende Aspekte:

1. Volle Gemeinsamkeit, das heißt alle sind dafür.

2. Einfache oder Zwei-Drittel-Mehrheit, das sollte vorher vereinbart werden.

3. Einfache Mehrheit, aber bei bestimmten Entscheidungen (zum Beispiel Investionssumme höher als X DM) Einstimmigkeit.

4. Einfache Mehrheit, aber bestimmte Personen (Vorgesetzter) müssen zustimmen.

Verständigen Sie sich vorher darauf, welche Mehrheit ausreichend sein soll, dann gibt es mit den Minderheiten keine Konflikte. Es ist möglich, daß sich in dieser Phase Lösungsansätze und Gemeinsamkeiten als unbefriedigend herausstellen, daß zusätzliche Informationen notwendig sind oder Fragen auftauchen, die vorher niemand bedacht hatte. Kehren Sie dann nochmals in die Phase II zurück, um eine neue Ideenproduktion oder Aspektesammlung nur auf diesen einen Punkt bezogen durchzuführen. Am Ende dieses Durchlaufs gelten die Gemeinsamkeiten als verabschiedet, da sie von der ganzen Gruppe getragen werden. Auch bei diesem Verfahren gilt wieder das Prinzip des Minderheitenschutzes.

Die hier vorgestellten Verfahren machen den Prozeß der Entscheidungsfindung nicht perfekt. Es erscheint uns nötig, an dieser Stelle einige Bemerkungen zu den üblicherweise praktizierten Entscheidungsformen zu machen. Wenn ein Team bewerten und entscheiden soll, dann legt jeder einzelne Entscheider an die Alternativen sein ureigenes Bewertungsmuster an. Zwangsläufig hat er gewisse Präferenzen. Dies ist ein zentrales Problem, zumal jeder – und das ist sein gutes Recht – seine Entscheidung für die richtige hält.

Diese Schwierigkeit wird in jeder Teamsituation als unangenehm empfunden. Bevor wir Konsequenzen zeigen, die bei der Entscheidungsfindung zu berücksichtigen sind, wollen wir zunächst beispielhaft darstellen, wie die Praxis aussieht.

Schließlich gibt es auch noch einige Entartungserscheinungen, die Ausnahmefälle darstellen (oder Regelfälle – beantworten Sie dies für sich selbst). So etwa:

Manipulationsziel

Das Team wird benutzt, um bereits getroffene Entscheidungen abwägen zu lassen und mögliche Widerstände zu unterlaufen.

Profilierungsziele

Das Team wird nur einberufen, weil sich jemand selbst darstellen möchte.

Machtdemonstrationsziel

Das Team wird einberufen, um Anweisungen und Befehle entgegenzunehmen.

Die schwierige Bewertung, die unbefriedigende Lösung durch die beschriebenen Entscheidungsformen führt in Unternehmen, Familien, Verwaltungen und Forschungslaboratorien häufig dazu, Entscheidungsprozesse auf fatale Weise zu verzögern.

- Man bildet Unterausschüsse, die sich mit dem Problem auseinandersetzen sollen, und schiebt es damit auf die lange Bank.

- Man untersucht, ob das Problem überhaupt in den Kompetenzbereich des Teams fällt. Scheint dies nicht der Fall zu sein, so sucht man sich einen „Entscheider".

- Projekte werden nicht abgewickelt, sondern immer weiter hinausgezögert mit dem Vorwand der mangelhaften Information, wobei weiterhin unklar bleibt, welche Informationsbasis erforderlich ist.

- Weil man Gruppen nicht so leicht zu einem gemeinsamen Entschluß veranlassen kann, kommt es dazu, daß Probleme nicht weiterbearbeitet, sondern „gelagert" werden.

Viele Organisationen kranken an dieser Unfähigkeit – nicht zuletzt wegen unzureichenden oder vielleicht sogar völlig fehlenden Teamtrainings. Erfolgreiche Unternehmen zeichnen sich dadurch aus, daß sie die meisten und die wichtigsten Entscheidungen durch Teams finden lassen.

Vorteile der Teamarbeit bei gemeinsamer Entscheidung

- Wenn ein Team Lösungsalternativen zu beurteilen hat, sieht es viel mehr Aspekte als das Individuum. Ein Team kann Vor- und Nachteile einzelner Alternativen, mögliche Fehlschläge und positive Entwicklungen weit besser prognostizieren als ein Individuum. Das verfügbare Expertenwissen und Erfahrungspotential ist umfangreicher und detaillierter. Es gibt viele Übungen, die diesen Vorteil schlagkräftig beweisen.

- Gemeinsam getroffene Entscheidungen können leichter und besser realisiert werden. Jeder weiß: Wer an einer Entscheidung teilnimmt, identifiziert sich mit ihr und den zu ziehenden Konsequenzen. Das erhöht zugleich die Motivation.

Gerade der letzte Aspekt ist besonders wichtig: Keine Problemlösung ist vollkommen. Will man sie realisieren, so zeigen sich in der Regel Schwachstellen. Wer die Entscheidung mitgetragen hat, wird auch versuchen, die zuvor nicht sichtbaren Mängel zu beseitigen. Wer übergangen oder überstimmt wurde, wird die Schwächen als Indiz eines schlechten Konzeptes interpretieren.

Wie viele Beratungsberichte sind schon in Schubladen gestapelt worden oder in Papierkörben gelandet! Und dies nur, weil die Berater die von der Planung betroffenen Personen nicht am Entscheidungspozeß beteiligen. Beratungskonzepte dieser Art führen heute sicher nicht mehr zum Erfolg.

- Motivation zur Bearbeitung weiterer Projekte

  Durch die Teilnahme sowie die gemeinsame Entscheidung ist die Basis dafür gegeben, Teammitglieder auch für die Lösung weiterer Probleme zu motivieren und zu gewinnen. Im anderen Fall „hat es ja doch keinen Zweck, weil man nichts zu sagen hat und an der Entscheidung nicht teilhaben kann".

Die vorgestellten Verfahren, Entscheidungsmatrix und Delphi-Effekt, beteiligen alle in der Gruppe am Entscheidungsprozeß und machen die subjektiven Faktoren der Entscheidungsfindung sichtbar. Noch einmal:

Es gibt keine objektiven Entscheidungen!!

Der Minderheitenschutz bietet die Möglichkeit, Einsprüche eines einzelnen (oder mehrerer) als kreatives Potential zu nutzen. Vielleicht kann durch diesen Einspruch ein völlig neuer Aspekt ins Spiel gebracht werden?!

Zudem fördert der Minderheitenschutz die Eigenverantwortung. Wenn Sie unglücklich sind, weil Ihre Idee sich nicht durchsetzen konnte, machen Sie sich erneut Gedanken und vertreten Sie die Idee! Damit vermeiden Sie, später die „Schuld" anderen zu geben. Aktive Teilnahme, die Verabschiedung(en) durch alle Teammitglieder sind der beste Baustein für die Durchführung der beschlossenen Entscheidungen und Maßnahmen.

Eine neue Idee kann eine Entscheidung in Frage stellen

4 Maßnahmen und Präsentation vor Entscheidungsträgern

Der Aktionsplan: Eine konkrete Vereinbarung

In dieser Phase, die den Problemlösungsprozeß abschließt, geht es darum, die ausgewählten Ideen zur Lösung des Ausgangsproblems in konkrete Aktivitäten umzusetzen. Eines der größten Defizite bei der Teamarbeit ist das Fehlen solcher Aktions- und Maßnahmenpläne, deren Umsetzung bindend ist. Man verständigt sich darüber, was eigentlich getan werden müßte, Sitzungsprotokolle werden geschrieben und in Ordner abgeheftet, die sich aneinanderreihen...

Delegieren

Die auf die Bewertungsphase folgenden Schritte sind abhängig von der Situation des Teams.

- Ist das Problemlösungsteam identisch mit den Entscheidungsträgern, d.h. hat es die Möglichkeit, die verabschiedeten Ideen in der Realität zu initiieren, dann folgt auf die Bewertungsphase der Aktionsplan.

- Müssen die Problemlöser noch die Zustimmung anderer Personen einholen, so hängt der nächste Schritt davon ab, ob die Vorlage der Ergebnisse unmittelbar im Anschluß an die Bewertungsphase erfolgt (zum Beispiel in Gruppenarbeit in einem Seminar mit sofortiger Präsentation der Ergebnisse) oder ob vor der Präsentation noch eine Aufarbeitung der Ergebnisse aus Phase III möglich ist.

Der Aktionsplan (Abbildung 9) hat folgende Funktionen:

1. Die ausgewählten Alternativen werden konkretisiert und für die Realisierung mit jetzt verantwortlichen Personen vorbereitet.

2. Der Aktionsplan ist Kontrollinstrument. Bei der nächsten Zusammenkunft kann festgestellt werden, welche Aktivitäten realisiert wurden, welche nicht und welche erwarteten oder unerwarteten neuen Fragen aufgetaucht sind.

3. Der Aktionsplan macht die Schwierigkeiten deutlich, die bei der Realisierung der Alternativen auftreten können (potentielle Probleme bei der Realisierung) und dient damit zur Überprüfung der Bewertungsphase.

4. Der Aktionsplan macht die Menge der Arbeit deutlich, die notwendig ist, um bestimmte favorisierte Alternativen zu realisieren mit der möglichen Konsequenz, bestimmte Ideen zurückzustellen.

5. Der Aktionsplan überprüft die Ernsthaftigkeit des in Anspruch genommenen Minderheitenschutzes. Im Aktionsplan muß der Vertreter einer nicht von der Mehrheit favorisierten Idee Farbe bekennen, was er und nur er bereit ist, für seine Idee zu tun.

Lfd. Nr.	Was?	Wer?	Bis wann?

Abbildung 9: Aktionsplan

In der Spalte *Was* sollen die Aktionen so konkret wie möglich formuliert werden, so daß ihre Ausführung kontrolliert werden kann. So wäre die Formulierung „macht sich Gedanken" nicht im Sinne des Erfinders ...

In der Spalte *Wer*, falls der Aktionsplan für eine Gruppe erstellt wird, werden nur anwesende Personen eingetragen. Delegation ist jedoch möglich (etwa: X spricht Y an); die ersten Impulse können aber nur von den Anwesenden ausgehen.

Die Spalte *Bis wann* sollte mit konkreten Terminen ausgefüllt werden, „baldmöglichst", „so schnell es geht" sind keine präzisen Vereinbarungen.

Erfolgreich präsentieren – einige praktische Tips

Abschließend möchten wir Ihr Augenmerk auf einige Punkte richten, die bei einer Präsentation unbedingt zu beachten sind. Natürlich können Sie sich der Tricks bedienen, in Endlossitzungen das zuhörende Team mit hochgestochener Sprache und endlosen Sammlungen von Fakten zu erschlagen. Wenn Sie aber auf die positive Zustimmung der Entscheidungsträger angewiesen sind, empfiehlt sich dieses Vorgehen nicht. Es führt lediglich zu einer Negativ-Haltung und zur Vertagung der Entscheidung.

Bei der Präsentation unterscheiden wir drei Bereiche:

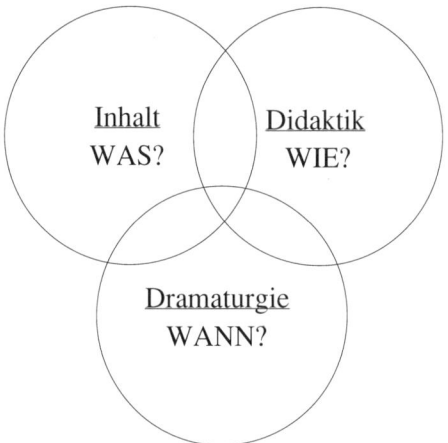

Abbildung 10: Drei Bereiche der Präsentation

Es ist erwiesen, daß die Kombination verschiedener Eingangskanäle (sehen, hören, fühlen, riechen, schmecken) den optimalen Erinnerungswert herstellt. Bedenken Sie, daß ein Gehirn immer nur drei oder vier Lernschritte vollziehen kann.

Nehmen Sie bei der Vorbereitung den „Sie-Standpunkt" ein, das heißt, setzen Sie die Brille der Adressaten auf.

- Wie ist die Bedürfnislage des Empfängers?

- Was interessiert ihn?

- Wieviel angebotene Informationen kann er speichern?

- Wie ist sein Kenntnisstand?

- Wo gibt es Empfindlichkeiten?

- Welche Sprache spricht er?

Seien Sie sich bewußt über den Balanceakt zwischen Überforderung und Unterforderung!

- Bei Überforderung schaltet das Gehirn ab.

- Bei Unterforderung werden schon während der Präsentation Beurteilungen und Verurteilungen formuliert.

Vermeiden Sie es, als Gruppe, die effektiv und gut gearbeitet hat, den vollständigen Prozeß bis zur Entscheidungsfindung zu dokumentieren. Der Prozeß sollte nur insoweit aufgezeigt werden, wie er für die Entscheidungsfindung wertvoll und notwendig ist.

Entwickeln Sie einen Spannungsbogen. Provozieren Sie die Diskussion dadurch, daß Sie einige Fragen offenlassen.

Setzen Sie visuelles Material ein, jedoch höchstens zwei bis drei unterschiedliche Medien. Quantitative Daten sollten möglichst graphisch dargestellt sein in Form von Grafiken und Diagrammen. Ein Lied, ein kleines Theaterstück oder ein mitgebrachtes Modell (z.B. bei einer Produktentwicklung) eröffnet den Entscheidern einen sinnlichen Zugang zur Thematik.

In der Vorbereitung der Präsentation können Sie zu verschiedenen Techniken greifen, um sich in die Präsentation optimal einzuarbeiten.

Methode der „Inneren Leinwand"

Sie versetzen sich in einen entspannten Zustand und visualisieren die Situation, in der ihre Präsentation stattfindet.

- Wie betreten Sie den Raum?

- Welche Kleidung tragen Sie?

- Wie beginnen Sie den Dialog mit den Entscheidungsträgern?

- Wie bewegen Sie sich?

- Wie sieht der Raum aus?

- Wer sitzt vor Ihnen?

- Wie begrüßen Sie? (Erste Sätze formulieren)

- Welche möglichen Reaktionen haben Sie zu erwarten?

- Welche Gegenargumente können kommen?

- Inwieweit können Sie im Vorfeld ein Ihrer Präsentation zuträgliches Klima schaffen?

Schaffen Sie ein schönes Ambiente

Problemszenario und Brainstorming

Im Team können Sie vorher ein Problemszenario oder ein Brainstorming durchführen.

Mit einem Problemszenario finden Sie Antworten auf die Frage: Welche Probleme treten bei einer Präsentation auf?

Für die Frage: „Wie können wir eine Präsentation machen?" empfiehlt sich ein Brainstorming.

Es ist sinnvoll, einige Fragen offenzulassen und mit Hypothesen beziehungsweise mit alternierenden Vorschlägen abzuschließen. Zum Beispiel ist es denkbar, daß Sie im Problemlösungsprozeß drei Aktionspläne entwickelt haben, die Sie den Entscheidern vorstellen, um dann gemeinsam eine Pro- und Contra-Sammlung durchzuführen. Die gesamte Präsentation sollte möglichst in einem angenehmen Ambiente stattfinden, so daß sich die Teilnehmer wohl fühlen und in den Pausen auch Gelegenheit haben, sich zu bewegen und zu entspannen. Je nach Bedeutung der Entscheidung lohnt die Überlegung, ob Sie für die Präsentation nicht einen Ort *außerhalb* des Unternehmens vorschlagen.

Teil III:

Die Praxis

1 Beispiel für einen Problemlösungsdurchgang

Die hier wiedergegebene Sitzung fand im Institut für angewandte Kreativität (IAK) in Burscheid statt. Das Team bestand aus sieben Personen. Am Tag der Sitzung hatte das Team bereits erfolgreich mit anderen Methoden der Ideenfindung gearbeitet. In dieser Sitzung ging es nun um die Bildung von Analogien.

Phase I

Gegebenes Problem „Wie erreichen wir, daß Schiffe durch Treibgut nicht beschädigt werden?"

Dieses Problem wurde von einem Seminarteilnehmer angeregt, der in seiner Freizeit auf der Ost- und Nordsee segelt. Da dieses Problem durch die zunehmende Umweltverschmutzung auf den Meeren immer größer wird und jetzt schon einige Jachten jährlich durch Kollisionen mit Treibgut verloren gehen, bedarf dieses Problem einer baldigen Lösung.

Analyse und Erläuterung des Problems

In der Gruppe fungierte der Problemsteller als Experte und erläuterte das Problem wie folgt:

Segeljachten, die heute überwiegend aus Kunststoff gefertigt werden, erreichen Geschwindigkeiten von 10 bis 20 Stundenkilometern. Das Treibgut, das oft nur wenige Zentimeter aus dem Wasser herausragt ist für den Schiffsführer in den meisten Fällen nicht erkennbar. Bei dem Aufprall einer Segeljacht auf solch einen treibenden Gegenstand wird das Boot vornehmlich im vorderen Bereich so stark beschädigt, daß es in den meisten Fällen nicht schwimmfähig bleibt.

Zur besseren Verdeutlichung wurde nun auf den Flip-charts eine Segeljacht skizziert und anhand dieser Zeichnung das Problem nochmals erläutert, wobei die Gruppe mit Verständnisfragen den Experten weiter zur Konkretisierung des Problems zwang. Im nächsten Schritt versuchte die Gruppe, die möglichen Hindernisse zusammenzutragen.

Als Ergebnisse dieser Sammlung wurde auf den Flip-charts folgendes visualisiert:

Treibgut, das Schiffe im Wasser beschädigen kann:

1. Container

2. Paletten

3. Wrackteile

4. Kanister

5. Fische

6. Baumstämme

7. Sandbänke

Phase II

Spontane Lösungsvorschläge

Nachdem die Expertenbefragung abgeschlossen war, übernahm die Moderatorin die Führung der Gruppe und bat diese um spontane Lösungsvorschläge. Diese Lösungsvorschläge sollten in der Brainstormingtechnik zusammengetragen werden, das heißt, die Teilnehmer sollten sich von den geäußerten Vorschlägen zu neuen Ideen inspirieren lassen. Zu diesem Zweck wurden alle Ideen auf Flip-charts visualisiert. Die Gruppe erarbeitete in etwa fünfzehn Minuten die folgenden Lösungsansätze:

1. Schutzschild

2. Wabentechnik

3. Airbag

4. Federnder Bug

5. Abwehrstacheln

6. Elastischer Schutzanstrich

7. Echolot rundherum

8. Ferngesteuertes „Probe"boot

9. Gesetzlich vorgesehener Sender im Treibgut

10. Gesetzlich verbieten: Treibgut

11. Systematische Reinigung der Meere

12. Verbot von Segelschiffen aus Kunststoff

13. Optisch-elektronische Überwachung (Mast)

14. Bei Vorbereitung auf den Segelschein: geistige Vorbereitung auf den Tod

15. Helsch-Seminare für Treibgut

16. Kommunikationssysteme mit Treibgut entwickeln

17. Rumpffühler mit Übertragung auf Fühler

18. Unterwasserperiskop

19. Ausbildungsplätze für Treibgutentdecker

20. Minenräumer zu Treibguträumern umbauen

21. Container mit Mini-Minen versehen, die bei Verlust des Containers explodieren

22. Delphine dressieren wie Haushunde

23. Prämien für aufgefischtes Treibgut bezahlen

24. Haie so dressieren, daß sie Container fressen

25. Die Segelboote ohne Bug bauen

26. Jemanden vorwegschwimmen lassen

27. Pilotfische

28. Segeljacht dazu bekommen, daß sie über Hindernisse hinwegspringt

29. Segeljacht auf Tragflügel stellen

30. Fuchsjagd mit Segeljachten auf Containerverlierer

31. Jachten unter Wasser fahren lassen

32. Containergewicht = Wasser und Farbe

33. Fluteinrichtung in Container einbauen

34. Strafen verhängen für Meeresverschmutzung

35. Chipsystem = horizontal teilbarer, flexibler Rumpf

36. Segelschiff rückwärts fahren

37. Neuer Kunststoff für Schiffsrümpfe

38. Segelschiffkapitäne zum Segelfliegen überreden

39. Anderes Material für Schiffsrümpfe

40. Neues Radarsystem vom Land zum Schiff hin mit neuer Frequenz

41. Die Nachwelt vor Plastik schützen

42. Schußapparat zur Zertrümmerung

43. Regelmäßiger Abwurf von A-Bomben

44. Empfindliche Sonargeräte

45. Ich bin zwei Öltanks

46. Laser

Man könnte Haie dressieren, Container zu fressen.

Da die Gruppe praktische Erfahrung im Brainstorming hatte und die Regeln beachtet wurden, konnte die Moderatorin in dieser Phase an der Ideenproduktion teilnehmen. Erkennbar ist die Inspiration durch vorangegangene Ideen, wie beispielsweise Idee 3 und 4, 9 und 10 oder auch 20 und 21.

Phase III

Problemumformulierung

Das Ausgangsproblem: „Wie erreichen wir, daß Schiffe durch Treibgut nicht beschädigt werden?", wurde verändert. Vorgeschlagen wurden:

- Wie können Schiffe sich vor Treibgut schützen?
- Wie kann man Treibgut vor Schiffen schützen?
- Wie kann man Schiffe vor Beschädigung schützen?
- Wodurch verhindern wir Beschädigungen?

Die Auswahl einer bestimmten Problemdefinition fand nicht statt, da die Problemdefinitionen doch sehr eng zusammenhingen. Durch die Visualisierung der neuen Formulierungen war es jedem Gruppenmitglied möglich, während der nächsten Schritte sich ständig durch die verschiedenen Definitionen anregen zu lassen. Diese Phase dauerte etwa zehn Minuten.

Bildung und Auswahl direkter Analogien

Da es sich bei der gestellten Aufgabe um ein technisches Problem handelte, regte die Moderatorin an, sich im Bereich der Biologie nach Analogien umzuschauen. Die Gruppe produzierte die im folgenden aufgeführten Analogien. Man einigte sich im Rahmen der Gruppenarbeit darauf, daß nur Schlagworte visualisiert werden. Es wurde jede Analogie vom Produzenten erklärt und gemeinsam ein Schlagwort gefunden. Auf den Flip-charts wurde das Folgende festgehalten:

1. Ei (Hohlraum) (5)
2. Fledermaus (Wellen und Radar) (5)
3. Eidechse (Schwanzabwerfer) (2)
4. Chamäleon (Farbwechsel) (3)
5. Regenwurm (jedes Teil lebt für sich weiter) (3)
6. Baum (es kommt auf den Ast nicht an) (2)
7. Tintenfisch (1)
8. Schnecke (Fühler – Teleskopfühler) (4)
9. Elefant (Stoßzähne) (3)
10. Dornenbusch (1)
11. Weiße Blutkörperchen fressen feindliche Viren auf (3)
12. Rote Blutkörperchen verschließen Wunde (3)
13. Gelenke schützen den Menschen (2)
14. Säulenkaktus (Löcher werden von Raben ausgefressen) (2)

Je nach Interesse und Verständnis punkteten die Teammitglieder drei Analogien ihrer Wahl aus. Die in Klammern angeführten Zahlen geben das Ergebnis dieser Auspunktung wieder.

Es ergab sich ein Gleichstand für die Analogie Ei und Fledermaus. Dieser Gleichstand wurde durch erneutes einfaches Abstimmen beseitigt; das Ei wurde als direkte Analogie ausgewählt.

Da es sich bei dem Seminar primär um die Vorstellung der Analogietechnik handelte, mußte sich die Auswahl aus zeitlichen Gründen auf eine Analogie beschränken. In der Praxis würde sich bei der Punkteverteilung, die hier stattgefunden hat, anbieten, alle Analogien mit vier oder mehr Punkten zu analysieren. In diesem Fall würde sich der zweite Auswahlschritt erübrigen. Diese Vorgehensweise hätte außerdem den Vorteil, daß höchstwahrscheinlich jedes Teammitglied eine der drei ihn am meisten interessierenden Analogien analysieren könnte.

Die Gruppe benötigte 20 Minuten zur Bildung und Auswahl der direkten Analogien. Nach dieser Phase wurde eine 15minütige Pause eingelegt, in der die Teilnehmer die Möglichkeit hatten, sich an der frischen Luft zu erholen.

Analyse der ausgewählten Analogie

Die Moderatorin forderte die Gruppe nun dazu auf, das Ei möglichst genau zu analysieren. „Es geht in dieser Phase nicht darum, mögliche Problemlösungen herbeizuführen, sondern sich vom Problem völlig zu lösen und sich ausschließlich auf die Analyse der ausgewählten Analogie zu konzentrieren." Die Gruppe begann damit, das Ei aufgrund theoretischer Kenntnisse zu beschreiben. Ein Gruppenmitglied regte an, sich ein Ei zu besorgen, um die Analogie zum Schiffsrumpf so besser analysieren zu können. Das Ei wurde in einer bereitgestellten Schale aufgeschlagen. Durch diese sehr anschauliche Vorgehensweise konnte das Ei genauestens analysiert werden. Visualisiert wurden die folgenden Eigenschaften:

1. Wegrollen
2. Form – eine der stabilsten
3. Hohe Stabilität in der Längsachse

114

4. Schale

5. Haut in der Schale

6. Gelenk vollkardanisch aufgehängt

7. Unterschiedliche Dichte der Flüssigkeit

8. Haut als Membran

9. Eiklar

10. Wenig verschiedene Bestandteile

11. Verteilung der Risse bei Beschädigung

12. Dehnbare Haut

13. Klebeeffekt der Haut

14. Befestigung des Eiklars

15. Luftblase – Hohlraum

16. Innere Bestandteile in sich wieder flexibel

Nach der Analyse der ausgewählten Analogie, die 15 Minuten dauerte, wurde die Gruppe von der Moderatorin zur ursprünglichen Aufgabenstellung zurückgeführt.

Herstellung und Verbindung zum Problem

Die Moderatorin ging nun die visualisierten Analysen mit der Gruppe durch und forderte sie auf, zu jedem Punkt eine mögliche Verbindung herzustellen. Jedes Teammitglied hatte während der folgenden Phase die Möglichkeit, aus den visualisierten Punkten der Analyse neue Lösungsansätze abzuleiten.

Lösungsansätze

Die Gruppe versuchte nun in diesem letzten Schritt, Verbindungen zwischen der Analyse der ausgewählten Analogie, also den Eigenschaften des Eis, und dem Problem zu entwickeln, um dadurch zu neuen Möglichkeiten der Problemlösung zu gelangen. Die Moderatorin forderte die Gruppe in dieser Phase immer wieder auf, die gefundenen Eigenschaften mit dem Problem zu verbinden, indem sie gezielte Fragen stellte, wie beispielsweise: „Was könnte die Haut als Membran (Punkt 8) mit dem Problem zu tun haben?" Die Gruppe kam zu den folgenden Ideen, die wiederum visualisiert wurden:

47. Bug so formen, daß Treibgut zur Seite oder nach unten wegrollt

48. Strömung durch Rumpf-Form erzeugen, so daß keine Gegenstände in Rumpfnähe kommen können = weggespült werden

49. Innenhaut stabil, wenn Beschädigung

50. Außenhaut stabil – Innenhaut flexibel und verschiebbar zur Außenhaut und anhaftend

51. Statt Kunststoffhaut – Mehrschichtenhautsystem

52. Rumpf mit Halbkugeln (klein) bedecken

53. Sollbruchstelle mit innerer Verstärkung (Innenhaut, Wabe) an der am stärksten gefährdeten Stelle (Bruchkonzentration auf eine Stelle)

54. Flüssigkeit zwischen stabiler Außenhaut und flexibler Innenhaut, die erhärtet in Verbindung mit Wasser

55. Zwei Rümpfe ineinander, mit Trennflüssigkeit dazwischen

56. Gleitschale schiebt sich vor Leck

57. Eiform auf Bootsrümpfe übertragen

58. Selbsthärtender Beton oder andere Materialien, der von oben per Hand (wie Lecksegel) an das Leck gebracht wird

59. Zwei Rümpfe, dazwischen Druckluft

60. Material, das sich eindellt und wieder ausbuchtet (wie Latex)

61. Explosionswülste mit Explosionskraft nach außen

Die Lösungsmöglichkeiten, die in dieser Sitzung gefunden wurden, sind im Vergleich zu den spontanen Lösungsvorschlägen wesentlich konkreter. Erkennbar ist, daß sich die Lösungsqualität durch den Umweg über eine Analogie deutlich erhöht hat. Aufgrund der Konzeption des Seminars wurde die Sitzung nach der 61. Idee abgebrochen. In der Praxis würden wahrscheinlich noch wesentlich mehr und unter Umständen konkretere Lösungen gefunden werden. Den Seminarteilnehmern wurde jedoch aufgrund dieser ersten praktischen Erfahrung mit der Methode der Analogiebildung ein eindrucksvolles Bild von der Leistungsfähigkeit dieser Technik vermittelt. Der Problemsteller wurde durch die hier gefundenen Ideen zu neuen Denkansätzen angeregt.

Mögliche Weiterführung der Sitzung

Wäre dieses Problem beispielsweise in einer Schiffswerft gestellt worden, wäre die Sitzung vermutlich an dieser Stelle weitergeführt worden. Da die Lösungsansätze nach der ersten Analogie und der sich anschließenden Analyse kein greifbares Ergebnis gebracht haben, hätte sich die Problemlösungsgruppe der nächsten Analogie zugewandt. Dies wäre in unserem Fall die Fledermaus gewesen, die wahrscheinlich zu eher elektronischen Problemlösungen geführt hätte.

Das eiförmige Boot

Eine andere Vorgehensweise hätte darin bestehen können, die Gruppe eine direkte Analogie (zum Beispiel Ei) auswählen und eine persönliche Analogie bilden zu lassen.

In unserem Fall wäre die persönliche Analogie mit der Frage: „Wie fühle ich mich als Ei?" eingeleitet worden. Die Merkmale wären wiederum visualisiert worden, und im nächsten Schritt wären zu einer der gefundenen Eigenschaften symbolische Analogien gebildet worden.

Nach erneuter Auswahl einer der symbolischen Analogien hätte man wieder direkte Analogien gesucht.

Alle Seminarteilnehmer gewannen den Eindruck, daß sich mit Hilfe von Analogien Probleme besser und konkreter lösen lassen, als dies den Teilnehmern vorher bekannt war.

2 Schlußbetrachtung und Ausblick

Es ist deutlich geworden, worin die Vorteile der Teamarbeit liegen und daß es Techniken gibt, kreative Lösungen im Team zu finden. Dem Moderator kommt dabei eine wichtige Rolle zu. Für „brenzlige" Situationen fügen wir im Anhang eine Liste mit Tips für den Teammoderator bei.

Der Problemlösungsprozeß, der im Institut für angewandte Kreativität als Seminar „Mythos Krativität – Managen im Wandel" angeboten wird, ist ein handliches Instrument, das Sie entsprechend Ihres zu bearbeitenden Problems modifizieren können. Sie können länger oder kürzer arbeiten, andere Schwerpunkte setzen, die Phasen inhaltlich anreichern, eine Phase wiederholen et cetera. In Abbildung 11 wird deutlich, wie unterschiedlich Teamarbeit ablaufen kann.

Eines jedoch ist klar: Fünf Teamspielregeln sollten Ihnen unter die Haut gehen, denn ohne diese ist das Modell nur halb so effektiv.

1. Regel

Würdigen Sie die positiven Aspekte anderer Ideen. Ersetzen Sie unbrauchbare Anteile durch Verbesserungsvorschläge!

2. Regel

Seien Sie bereit, eigene Ideen zugunsten der Gruppenlösung aufzugeben. Um eine befriedigende Lösung zu finden, ist es häufig nötig, eigene Ideen zurückzustellen, um den Prozeß nicht zu blockieren.

118

Konferenz 1:	Konferenz 2:
A: Man könnte versuchen, den Butterberg zu atomisieren und dann zu verstreuen. B: Das ist ein interessanter Gedanke. Wie könnte man denn atomisierte Butter verwenden? C: Ganz kleine Butterportionen braucht man doch in Hotels und Gaststätten. Das ist schon fast atomisierte Butter. B: Prima, wir sollten also 25-g-Packungen gestalten und Hotels anbieten. C: Dann könnten die Hotels auch noch ihren Namen auf den Packungen abdrucken.	A: Man könnte versuchen, den Butterberg zu atomisieren und dann zu verstreuen. B: Das ist doch nicht Ihr Ernst. Wir wollen mehr Butter absetzen, also größere Einheiten als bisher. A: Ja, aber ... C: B hat völlig recht, wir sollten Großpackungen mit 1, 2 oder 3 Kilo machen. Außerdem ist die Verpackung dann viel günstiger. Bei ganz kleinen Einheiten werden die Kosten viel zu hoch. A: Großpackungen sind illusorisch. Das haben wir schon probiert. Da kommt nichts dabei heraus.

Abbildung 11: Wie können wir den Butterberg abbauen?

Beispiel

Im Flur einer Forschungs- und Entwicklungsabteilung stehen leere Kisten, die den Durchgang blockieren.

Die Besprechung, an der der Leiter der Forschungs- und Entwicklungsabteilung, der Lagerleiter, ein Entwicklungsingenieur und sein Assistent teilnahmen, dauerte 25 Minuten. Hinterher hatte man festgestellt, wer dafür verantwortlich ist.

Die Anweisung, die Kisten wegzuschaffen, unterblieb aber. Genausowenig wurde darüber nachgedacht, wie künftig solche Situationen zu vermeiden sind.

Die Suche nach dem Schuldigen ist eine weitverbreitete Haltung, die viele Aktivitäten erfordert. Sie erzeugt defensives Verhalten, Informationsblockaden und Rachegelüste. Einer Problemlösung kommt man leider nicht näher.

Die Sprengung des Butterberges

3. Regel

Suchen Sie *gemeinsam* bei auftretenden Schwierigkeiten nach Problemlösungen.

4. Regel

Unterstützen Sie andere Teammitglieder, wenn sie angegriffen werden!

Trotz bester Absicht aller Beteiligten kommt es in Teamsitzungen immer wieder zu kritischen Äußerungen. Um defensive Prozesse zu vermeiden, sollten die „angegriffenen" Teammitglieder unterstützt werden. Dabei tritt folgendes Dilemma auf: Wie soll man den Angegriffenen schützen, ohne die kritisierende Person in die Defensive zu drängen?

- Die Gruppe vereinbart eine Spielregel. Wenn kritisiert wird, sagt irgendeiner ein vorher beliebig bestimmtes Wort. Dadurch wird der Kritiker nicht persönlich angesprochen, sondern es wird allgemein darauf hingewiesen, daß eine Spielregel zu beachten ist.

- Man hilft sich mit dem allgemeinen Satz: „Wir sollten die Bewertung der einzelnen Vorschläge zurückstellen und erst später darauf eingehen."

- Man unterstützt das angegriffene Teammitglied, indem man die positiven Aspekte des Vorschlags herausstellt.

5. Regel

Hören Sie aufmerksamer zu!

Der Oberst sagt zum Adjutanten: „Morgen früh, 9.00 Uhr ist eine Sonnenfinsternis. Etwas, was nicht alle Tage passiert. Die Männer sollen im Drillich auf dem Kasernenhof stehen und sich das seltene Schauspiel ansehen. Ich werde es ihnen erklären. Falls es regnet, werden wir nichts sehen, dann sollen sie in die Sporthalle gehen."

Adjutant zum Hauptmann: „Befehl vom Oberst. Morgen früh um 9.00 Uhr ist eine Sonnenfinsternis. Wenn es regnet, dann findet sie im Drillich in der Sporthalle statt. Etwas, was nicht alle Tage passiert. Der Oberst wird das erklären, weil das Schauspiel selten ist."

Hauptmann zum Leutnant: „Schauspiel vom Oberst. Morgen früh um 9.00 Uhr im Drillich wegen der Sonnenfinsternis in der Sporthalle. Der Oberst wird erklären, warum es regnet. Sehr selten so was."

Leutnant zum Feldwebel: „Seltener Schauspielbefehl. Morgen um 9.00 Uhr wird der Oberst im Drillich die Sonne verfinstern, wie es alle Tage passiert in der Sporthalle, wenn ein schöner Tag ist. Wenn es regnet: Kasernenhof."

Feldwebel zum Unteroffizier: „Morgen um 9.00 Uhr Verfinsterung des Oberst im Drillich wegen der Sonne. Wenn es in der Sporthalle regnet, was nicht alle Tage passiert, antreten auf dem Kasernenhof. Sollten Schauspieler dabei sein, sollten sie sich selten machen."

Gespräch unter den Soldaten: „Haste schon gehört, wenn's morgen regnet ..." „Ja, ich weeß, der Oberst will im Drillich die Sonne verfinstern. Das dollste Ding, wenn die Sonne keinen Hof hat, will er ihr einen ma-

chen. Schauspieler sollen Selter bekommen. Typisch. Dann will er erklären, warum er aus rein sportlichen Gründen die Kaserne nicht mehr sehen kann. Schade, daß das nicht alle Tage passiert."

Wie trivial die Aufforderung, aufmerksamer zuzuhören, auch scheinen mag, obiges Beispiel zeigt:

Sie wird äußerst selten praktiziert. Analysieren Sie einmal die nächsten Gesprächsituationen, Ihr eigenes „Zuhör-Verhalten" und das Ihrer Partner.

Das Team repräsentiert insgesamt ein großes Denkpotential. Benutzen Sie das Team zum permanenten geistigen Diebstahl. Konzentrieren Sie sich bei den Aussagen der übrigen Teammitglieder besonders auf den Aspekt, der Ihnen völlig neu erscheint.

Der Ideenklau

* F. H. Quiske, S. J. Skirl, G. Spiess, „Arbeiten im Team", 1982, Seite 115.

3 Hinweise für den Teammoderator

Aktivität der Gruppe	Reaktion Teammoderator (TM)
• Gruppe produziert am Thema vorbeigehende Ideen.	• TM notiert Ideen und liest Problem immer wieder vor. • TM liest einige bereits produzierte Ideen vor.
• Ideen sind Wunschvorstellungen, oberflächlich, nicht konkret genug.	• TM notiert und fragt nach: „Was können wir daraus machen?" • „Wie könnten wir diese Ansätze noch weiterentwickeln?"
• Erlahmen des Ideenflusses (lähmende Stille).	• TM produziert selber Ideen. • TM liest Problem vor. • TM geht zur nächsten Phase über. • TM macht Pause. • TM macht eine Lockerungsübung. • TM liest bereits produzierte Ideen vor und fordert zur Weiterentwicklung auf. • TM gibt Anreize (noch 20 Ideen, Flip-chart noch vollmachen). • TM verstärkt positiv, das heißt, macht Kommentar über Qualität und Quantität des bisher produzierten Materials.
• Mehrere Gruppenmitglieder reden bzw. produzieren gleichzeitig.	• TM verteilt Kärtchen und bittet, Ideen zu notieren, damit keine verlorengeht. • Eventuell Phase einschalten, in der das Team in zwei Gruppen aufgeteilt wird.

• Einige Gruppenmitglieder beteiligen sich nicht.	• Ruhige Gruppenmitglieder anschauen.
	• Wenn eine nonverbale Geste kommt, die Hinweise auf einen Beitrag signalisiert, den „Ruhigen" bevorzugen.
	• Den Erfahrungshintergrund der ruhigen Teammitglieder ansprechen.
• Gruppe diskutiert und kritisiert.	• Spielregeln vorlesen.
	• Kritisierte Ideen vorlesen.
	• Kritisierte Ideen notieren und positiv verstärken.
	• Eventuell Prozeßfrage stellen.
• Belustigung über Teammoderator.	• TM läßt Ideen von Gruppenmitglied notieren.

Weiterführende Literatur

Berth, R.: Visionäres Management, Düsseldorf 1990

Bono, E. de: Das spielerische Denken, 4. Auflage, Bern / München 1970

Bono, E. de: Laterales Denken, Reinbek bei Hamburg 1972

Bono, Edward de: Denkschule. Zu mehr Innovation und Kreativität, Landsberg am Lech 1986

Brommer, U.: Innovation und Kreativität im Unternehmen, Stuttgart 1990

Cameron, J.: The Artist's Way – a spiritual path to higher Creativity, New York 1992

Gardner, Martin: Unsere gespiegelte Welt. Denksportaufgaben und Zaubertricks, Berlin / Frankfurt / Wien 1982

Gordon, Thomas: Managerkonferenz. Effektives Führungstraining, Hamburg 1979

Gordon, W. J. J.: Synectics, New York 1961

Gottschalk, D.: Rettung aus eigener Kraft, Manager Magazin, 3/1983

Gottschalk, D.: Das gespaltene Gehirn und die Kreativität, Manager Magazin, 9/1983

IAK-Autorenteam: Über den Bewußtseinswandel im Management, Pragmatik und Ethik in der Kunst des Führens, Burscheid 1987

Kabat-Zinn, J.: Gesund und stressfrei durch Meditation, Bern 1990

Koestler, A.: Der göttliche Funke, Bern / München 1966

Lohmeier, F.: Bisoziative Ideenfindung, Frankfurt/M. / Bern / New York / Nancy 1985

Matussek, P.: Kreativität als Chance. Der schöpferische Mensch in psychologischer Sicht. München / Zürich 1974

Oerter, R.: Psychologie des Denkens, 4. Auflage, Donauwörth 1974

Peters, T.: The Tom Peters Seminar, New York 1994

Ray, Michael, Myers, Rochell: Creativity in Business, New York 1986

Schlicksupp, H.: Innovation, Kreativität, Ideenfindung, Würzburg 1985

Schwalb, U., Skirl, S.: Vorsprung durch Einmaligkeit, Wiesbaden 1995

Skirl, S., Schwalb, U.: Das Ende der Hierarchien, Wiesbaden 1994

Vester, F.: Denken, Lernen, Vergessen, Stuttgart 1975

Voß, B.: Kommunikations- und Verhaltenstrainings, Göttingen 1994

Waterman, R.: Die neue Suche nach Spitzenleistungen, Düsseldorf 1994

Wunderer, Rolf (Hrsg.): Humane Personal- und Organisationsentwicklung, Berlin 1979

Die Autoren

Brigitte Adriani ist Verlagskauffrau und Sozialwissen-schaftlerin. Sehr verbunden mit dem Joseph-Beuys-Gedanken: „Jeder Mensch ist ein Künstler", bezeichnet sie sich gerne lediglich als Geburtshelferin für Kreativität. Schwerpunkt der IAK- (Institut für Angewandte Kreativität) Partnerin seit über zehn Jahren: Innovationsmanagement, Unternehmenskultur-Projekte, Erfolgreich präsentieren, Meditation am Arbeitsplatz, Selbstmanagement, Selbst-Bewußtsein. Ihr Motto: „Jeder Mensch verfügt über eine innere Quelle von schöpferischem Reichtum und Ruhe."

Ulrich Schwalb sammelte nach dem Studium der Wirtschaftswissenschaften Berufserfahrungen in Unternehmen der Investitions- und Konsumgüter-industrie, ehe er als Trainer und Moderator zum IAK stieß. Schwerpunkte seiner heutigen Tätigkeit sind Kreativitätstrainings- und Innovationsprojekte. Motto des IAK-Partners: „Gekonnt formulierte Unternehmensziele bleiben leere Worthülsen, wenn die Unternehmen und ihre Führer nicht übergreifende Visionen kreieren, die alle Mitarbeiter mit einem 'Ja im Herzen' vereinigen."

Rainer Wetz ist Diplomkaufmann und Psycho-therapeut (Gestalt). Seit mehr als 20 Jahren ist er IAK-Partner mit Schwerpunkt auf Change Management, Kommunikationsentwicklung und Coaching von Einzelpersonen und Teams. Sein Motto: „Wirtschaftliches Gestalten dient dem Menschen und nicht umgekehrt."

Unser Institut hat eine Tiefenentspannungs-CD professionell in einem Studio produzieren zu lassen, sie ist frei verkäuflich und auf Wunsch auch als Kassette erhältlich.

Preis: DM 20,– + MwSt.

Wenn Sie diese CD (oder Kassette) beziehen wollen oder Fragen an uns haben, rufen Sie uns an!

Institut für Angewandte Kreativität
Maxhan 25
51399 Burscheid

Telefon: (0 21 74) 78 57 72
Telefax: (0 21 74) 78 57 75
E-mail: 100702.3510@compuserve.com